중국어와 친해지는

기초 다지기

초급 중국어 **1**

중국어와 친해지는

기초 다지기 초급 중국어 ❶

인 쇄 일	2011년 2월 16일
3쇄 발행	2018년 3월 5일

저　자	孙文娟, 廉竹钧, 全春花, 陈睿婷, 洪凯云, 郑匡宇 공저
발 행 인	윤우상
총　괄	윤병호
책임편집	최다연
북디자인	Design Didot 디자인디도
발 행 처	송산출판사
주　소	서울특별시 서대문구 통일로32길 14(홍제2동)
전　화	(02) 735-6189
팩　스	(02) 737-2260
홈페이지	http://www.songsanpub.co.kr
등록일자	1976년 2월 2일. 제 9-40호

ISBN	978-89-7780-161-5　13720

중국어와 친해지는

기초
다지기

초급 중국어 ①

孙文娟 · 廉竹钧 · 全春花
陈睿婷 · 洪凯云 · 郑匡宇 공저

 송산출판사

머리말

　　세 권으로 한 세트 된 초급 중국어 교재는 홍익대학교 조치원 캠퍼스 교양 중국어 원어민 선생님들의 협력으로 심혈을 기울여 완성한 저서입니다. 또한, 선생님들의 다년간 중국어 교육경험을 바탕으로 현재 사용 중인 중국어 교재를 보완하였고, 중국어를 공부하는 한국 학생이나 자습을 하는 모든 사람들에게 한어능력평가(HSK)를 응시 할 수 있게 만든 전문적인 교재이기도 합니다.

　　현재 시중에 나와 있는 중국어 교재를 보면 중국어 전공을 하는 학생들을 대상으로 편저 된 책들이 대부분이며, 책 마다 편중한 부분이 있고 학생들은 각기 다른 중점을 둔 교재를 통해 중국어에 대한 전면적인 학습을 할 수 있게 되어 있습니다. 그러나 전공교재 외 비 전공을 하는 학생이나 사람들이 교양, 수업, 이수, 학습할 수 있는 저서는 그리 많지 않습니다. 이런 수요를 착안해서 편저된 이 교재는 널리 자료를 인용하고, 여러 전문지식에 접근하여 쉬운 부분부터 시작해서 깊이 있는 부분까지 중국어의 기본 어법과 어휘를 소개하였으며, 게다가 과 마다 반복된 연습은 단어나 어법, 그리고 문장형태를 더욱 긴밀하게 연관시켰습니다. 이 책 한 권의 요점을 잘 학습하여 파악한다면 HSK 三級 시험은 통과 할 수 있다고 생각이 되며, 일상생활에서도 많이 활용 할 수 있다고 생각합니다.　　　．

　　더불어 이 교재는 시대흐름과 같이 나아 갈 수 있는 교재이며, 학생들이 대부분 매일 사용할 생활 단어, 예를 들면, 인터넷을 이용해서 자료 찾기, E-mail 사용하기, 휴대폰 전화번호 묻기 등을 포함하고 있습니다. 학생들의 학습에 대한 열정과 흥미를 자극시켜 중국어 말하기와 사용하기를 생활의 일부가 될 수 있도록 즐겁고도 실용적인 분위기에서 자신의 중국어실력을 향상시키게 할 수 있도록 하였습니다.

이 교재는 여러 편집 선생님들의 노력 아래에서 두 학기를 거쳐, 실전 강의를 통해서 부족한 점을 보완하여 수정했지만 완벽한 교재는 아니라고 생각합니다. 그러므로 훌륭한 여러 교수님들의 아낌없는 편달 및 시정과 학생들의 건의를 겸허하게 기다리며, 개정 출판할 때 더욱 완전한 내용으로 보완하겠으며, 보다 더 중국어 교육에 노력하고 매진하겠습니다.

이 책의 특징

반복 연습을 통해 쉽게 중국어에 접근할 수 있도록 했습니다.

연습문제에 대체연습 부분에는 표 형식을 사용하여 학생들이 쉽게 주어, 동사, 목적어의 관계를 파악할 수 있도록 했습니다.

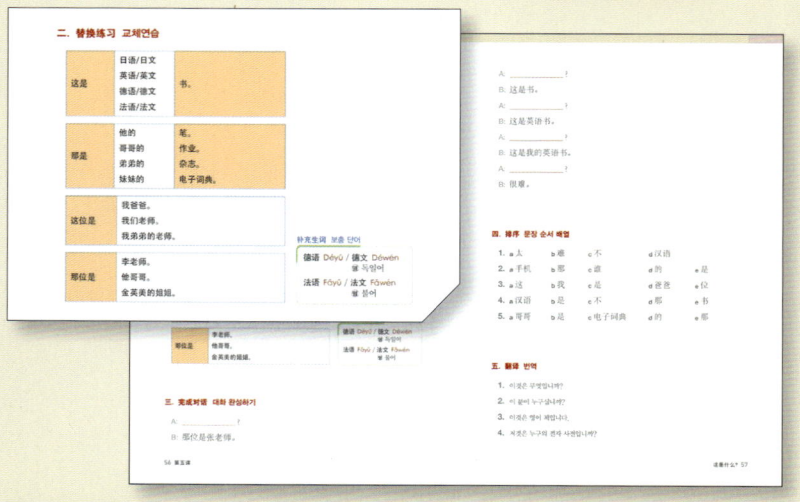

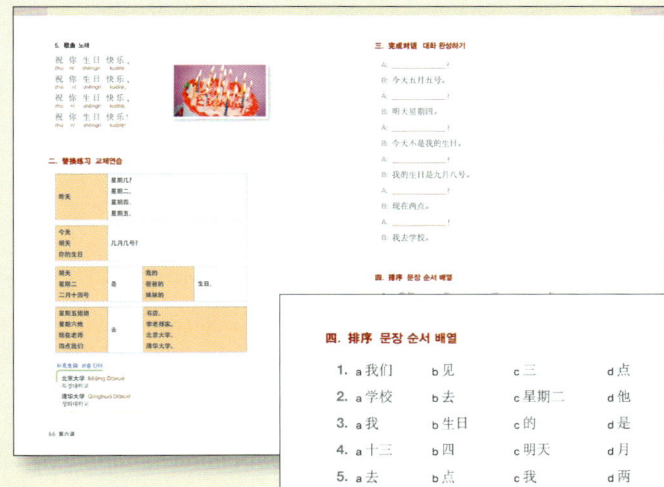

문장 순서를 배열하는 연습 문제를 수록하여 어법에 대해 확실히 익힐 수 있도록 하였습니다. 이 연습은 신 HSK 시험을 대비하는 데도 매우 유용합니다.

중국문화를 이해하면 중국어는 훨씬 쉽고 매력적으로 다가올 것이다. 이를 위해 중국문화를 체험할 수 있도록 사진과 함께 각 과에 배치하였다.

目录

1. 声母 성모

현대 중국어의 성모는 음의 시작인 자음으로 모두 21개있다.

声母 (성모)	쌍순음	b p m
	순치음	f
	설첨음	d t n l
	설근음	g k h
	설면음	j q x
	권설음	zh ch sh r
	설치음	z c s

2. 韵母 운모

현대 중국어의 운모는 모두 16개의 일반운모와 20개의 결합운모로 이루어져있다.

韵母 (운모)	a o e i u ü
	ai ei ao ou
	an en ang eng ong
	[ɿ] [ʅ] er

复合韵母 (결합운모)	ia ie iao iou(iu) ian
	in iang ing iong
	ua uo uai uei
	uan uen uang ueng
	üe üan ün

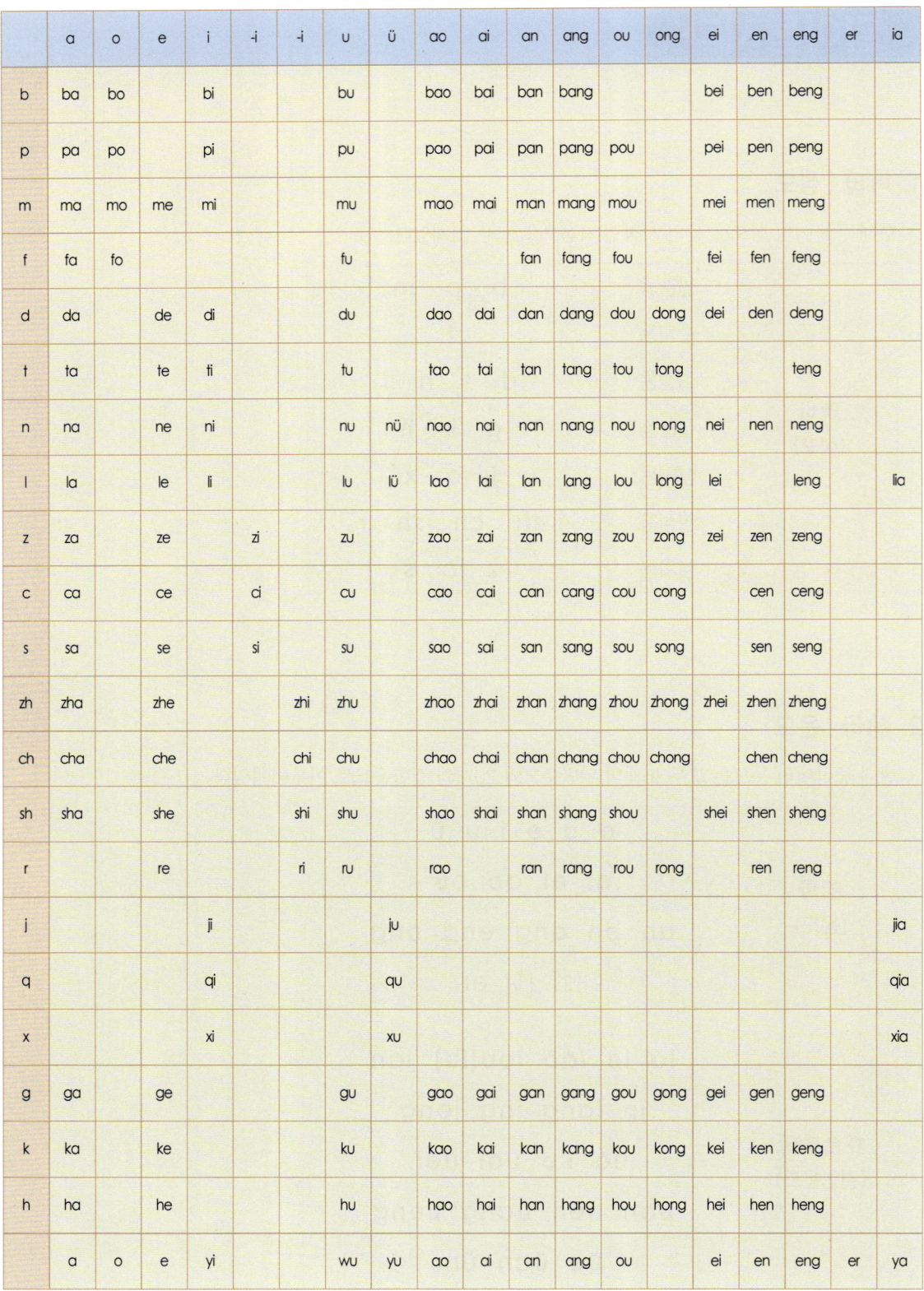

	a	o	e	i	-i	-i	u	ü	ao	ai	an	ang	ou	ong	ei	en	eng	er	ia
b	ba	bo		bi			bu		bao	bai	ban	bang			bei	ben	beng		
p	pa	po		pi			pu		pao	pai	pan	pang	pou		pei	pen	peng		
m	ma	mo	me	mi			mu		mao	mai	man	mang	mou		mei	men	meng		
f	fa	fo					fu				fan	fang	fou		fei	fen	feng		
d	da		de	di			du		dao	dai	dan	dang	dou	dong	dei	den	deng		
t	ta		te	ti			tu		tao	tai	tan	tang	tou	tong			teng		
n	na		ne	ni			nu	nü	nao	nai	nan	nang	nou	nong	nei	nen	neng		
l	la		le	li			lu	lü	lao	lai	lan	lang	lou	long	lei		leng		lia
z	za		ze		zi		zu		zao	zai	zan	zang	zou	zong	zei	zen	zeng		
c	ca		ce		ci		cu		cao	cai	can	cang	cou	cong		cen	ceng		
s	sa		se		si		su		sao	sai	san	sang	sou	song		sen	seng		
zh	zha		zhe			zhi	zhu		zhao	zhai	zhan	zhang	zhou	zhong	zhei	zhen	zheng		
ch	cha		che			chi	chu		chao	chai	chan	chang	chou	chong		chen	cheng		
sh	sha		she			shi	shu		shao	shai	shan	shang	shou		shei	shen	sheng		
r			re			ri	ru		rao		ran	rang	rou	rong		ren	reng		
j				ji				ju											jia
q				qi				qu											qia
x				xi				xu											xia
g	ga		ge				gu		gao	gai	gan	gang	gou	gong	gei	gen	geng		
k	ka		ke				ku		kao	kai	kan	kang	kou	kong	kei	ken	keng		
h	ha		he				hu		hao	hai	han	hang	hou	hong	hei	hen	heng		
	a	o	e	yi			wu	yu	ao	ai	an	ang	ou		ei	en	eng	er	ya

* 맨 아래 부분의 음절은 단독으로 쓰일 때의 표기법이다.

ie	iao	iou	ian	iang	iong	in	ing	ua	uo	uai	uan	uang	uei	uen	ueng	üe	üan	ün
bie	biao		bian			bin	bing											
pie	piao		pian			pin												
mie	miao	miu	mian			min	ming											
die	diao	diu	dian				ding		duo		duan		dui	dun				
tie	tiao		tian				ting		tuo		tuan		tui	tun				
nie	niao	niu	nian	niang		nin	ning		nuo		nuan					nüe		
lie	liao	liu	lian	liang		lin	ling		luo		luan			lun		lüe		
									zuo		zuan		zui	zun				
									cuo		cuan		cui	cun				
									suo		suan		sui	sun				
								zhua	zhuo	zhuai	zhuan	zhuang	zhui	zhun				
								chua	chuo	chuai	chuan	chuang	chui	chun				
								shua	shuo	shuai	shuan	shuang	shui	shun				
								rua	ruo		ruan		rui	run				
jie	jiao	jiu	jian	jiang	jiong	jin	jing									jue	juan	jun
qie	qiao	qiu	qian	qiang	qiong	qin	qing									que	quan	qun
xie	xiao	xiu	xian	xiang	xiong	xin	xing									xue	xuan	xun
								gua	guo	guai	guan	guang	gui	gun				
								kua	kuo	kuai	kuan	kuang	kui	kun				
								hua	huo	huai	huan	huang	hui	hun				
ye	yao	you	yan	yang	yong	yin	ying	wa	wo	wai	wan	wang	wei	wen	weng	yue	yuan	yun

第一课

你好!

你	nǐ	때	너, 당신
好	hǎo	형	좋다
吗	ma	조	구절 끝에 쓰여 의문의 어기(语气)를 표시 함
很	hěn	부	매우
忙	máng	형	바쁘다
不	bù	부	아니다 (동사, 형용사와 기타 부사 앞에 쓰여 부정을 표시함)
太	tài	부	너무, 지나치게
他	tā	때	그
她	tā	때	그녀
它	tā	때	그, 저(사물이나 동물)
一	yī	수	일, 하나
五	wǔ	수	오, 다섯
八	bā	수	팔, 여덟
大	dà	형	크다
个	gè	양	개, 명

会话 회화

（一）

A: 你好！
Nǐ hǎo!

B: 你好！
Nǐ hǎo!

（二）

A: 你好吗？
Nǐ hǎo ma?

B: 很好！
Hěn hǎo!

A: 你忙吗？
Nǐ máng ma?

B: 不太忙。
Bú tài máng.

중국어의 발음은 성모, 운모 그리고 성조 세 부분으로 나눠져 있습니다.

一. 声母 韵母(1) 성모 운모(1)

성모 b p m f d t n l g k h

운모 a o e i u ü ai ei ao ou an en ang eng ong

1. 拼音 병음

	a	o	e	i	u	ü	ai	ei	ao	ou	an	en	ang	eng	ong
b	ba	bo		bi	bu		bai	bei	bao		ban	ben	bang	beng	
p	pa	po		pi	pu		pai	pei	pao	pou	pan	pen	pang	peng	
m	ma	mo	me	mi	mu		mai	mei	mao	mou	man	men	mang	meng	
f	fa	fo			fu			fei		fou	fan	fen	fang	feng	
d	da		de	di	du		dai	dei	dao	dou	dan	den	dang	deng	dong
t	ta		te	ti	tu		tai		tao	tou	tan		tang	teng	tong
n	na		ne	ni	nu	nü	nai	nei	nao	nou	nan	nen	nang	neng	nong
l	la		le	li	lu	lü	lai	lei	lao	lou	lan		lang	leng	long
g	ga		ge		gu		gai	gei	gao	gou	gan	gen	gang	geng	gong
k	ka		ke		ku		kai	kei	kao	kou	kan	ken	kang	keng	kong
h	ha		he		hu		hai	hei	hao	hou	han	hen	hang	heng	hong
	a	o	e	yi	wu	yu	ai	ei	ao	ou	an	en	ang	eng	

2. 注释 설명

1) 중국어의 모음 발음 할 때 한국어와 다르다. 한국어의 모음이 짧지만, 중국어의 모음은 엄청나게 길다.

2) 중국어 i발음할 때 입에 힘 주지 않고 이과 혀에는 힘이 약간 든다.

3) u, ü 의 발음 요령:

　u는 입술은 둥글게, 모양은 약간 오물고, 혀와 위 아래 입술은 닿지 않고 입술을 간질 간질 깔려있다. ü를 발음할 때 입술은 동글게 모으고 혀가 약간 힘이 들어가 면서 입천장과 공간이 좁혀진다. 입술은 밖으로 나오면서 시작부터 끝까지 입술모양을 풀리지 않는다.

4) i, u, ü가 단독으로 음절을 쓰일 때 각각 yi, wu, yu로 표기한다.

二. 声调 성조

1. 중국어의 4성

1) 중국어는 성조가 있는 언어이다. 기본적으로 제1성, 제2성, 제3성, 제4성, 총 네 가지의 성조가 있고 각각 ¯ ´ ˇ ` 로 표기한다. 같은 발음이라도 성조에 따라 그 뜻이 다르다.

> 예 妈 어머니 麻 마 马 말 骂 욕하다
> mā má mǎ mà

제1, 2, 3, 4성 성조의 음높이는 다음과 같다:

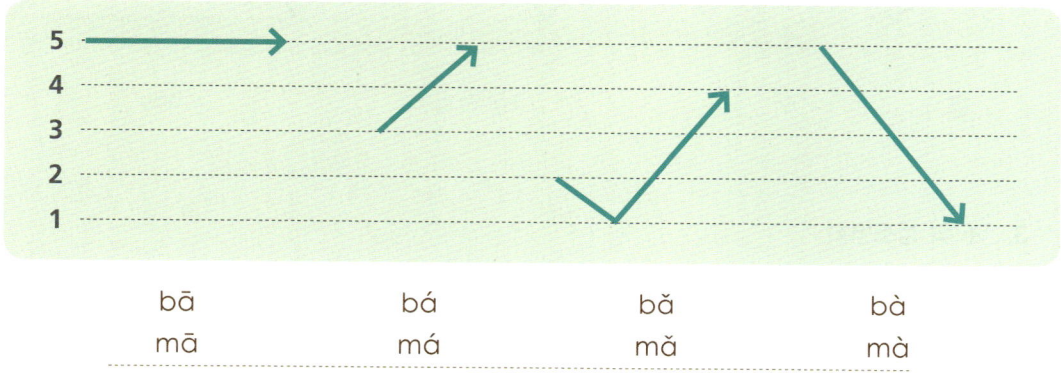

| bā | bá | bǎ | bà |
| mā | má | mǎ | mà |

2) 성조의 위치
한 음절에 단지 한 개의 모음만이 있을 때 성조부호는 모음위에 표시한다.

> 예 nǐ, wù

모음이 i이면 성조부호를 붙일 때, 위의 점을 뺀다.

> 예 yī

한 음절에 두 개 혹은 그 이상의 모음이 있을 경우, 성조부호는 주요모음(a, o, e, i, u, ü) 위에 표기한다.

> 예 nǎi, hǎo, lóu

2. 제3성의 변화

1) 3성+3성
제3성이 두 개 연이어 있을 때, 앞의 3성은 제2성으로 읽는다. 단, 성조부호는 그대로 제3성으로 표기한다.

> 예 nǐhǎo měinǔ kǒuyǔ kěyǐ

2) 반3성

제3성 음절이 제1, 2, 4성과 대부분의 경성 앞에 있을 때 '반3성'으로 변한다. '반3성'은 원래 3성의 전반부의 낮는 톤만을 발음한다. 이 때 성조부호는 그대로 제3성으로 표기한다.

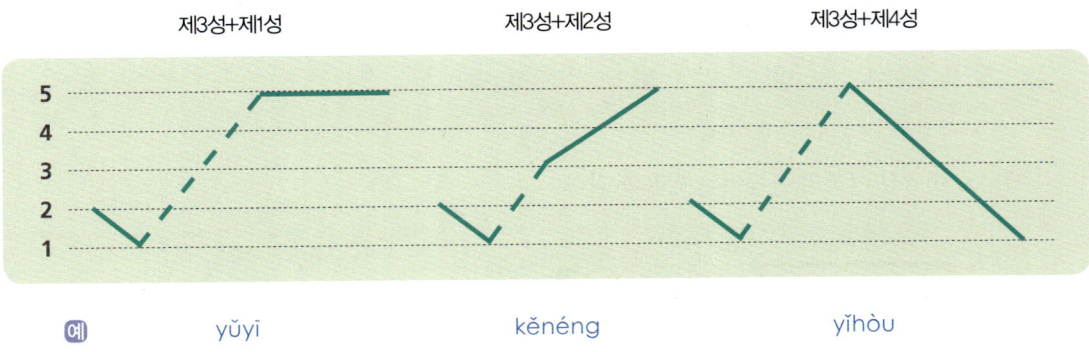

제3성+제1성   제3성+제2성   제3성+제4성

예   yǔyī   kěnéng   yǐhòu

3. '不'의 성조변화

'不'는 원래 제4성이지만, 뒤에 4성이 올 경우에만 2성으로 변하여 발음되고, 뒤에 제1, 2, 3성이 올 경우에는 그대로 4성으로 발음된다.

예   1) '不' +   제1성   bù dī   bù gāo

            제2성   bù máng   bù lái

            제3성   bù hǎo   bù kǔ

   2) '不' +   제4성   bú tài   bú là

一. 发音练习 발음연습

1. 声母韵母练习 성모 운모 연습

e	de	me	yi	di	mi
lu	nu	wu	lü	nü	yu
bai	gai	hai	bei	gei	hei
fo	mo	po	fou	mou	pou
lan	kan	fan	lang	kang	fang

2. 四声练习 사성 연습

yī	yí	yǐ	yì
wū	wú	wǔ	wù
yū	yú	yǔ	yù
nī	ní	nǐ	nì
hāo	háo	hǎo	hào
hētāng	bāngmáng	hēibǎn	gōnggòng
tóngwū	tóuténg	Hányǔ	yígòng
dǎkāi	kěnéng	kěkǒu	hǎokàn
Gùgōng	dìtú	Hànyǔ	dòngwù

3. 三声变调练习 삼성 성조변화 연습

lǎobǎn	hǎodǒng	nǐ hǎo	wǔ bǎi	hěn hǎo
fǎnpū	hǎohē	nǐ hē	wǔ kē	hěn dī
kǒnglóng	hǎoténg	nǐ lái	wǔ lóu	hěn máng
mǎimài	hǎokàn	nǐ kàn	wǔ tào	hěn lèi

4. '不' 的变调练习 '不'의 성조변화 연습

| bù kāi | bù téng | bù dǒng | bú gòu |
| bù hē tāng | bù néng lái | bù hěn máng | bú tài hǎo |

二. 替换练习　교체연습

你 他	好吗?

他 她	不忙。

你 她	忙吗?

他	很好。 不太忙。

三. 完成对话　대화 완성하기

A: 你好!

B: _____ !

A: _____ ?

B: 很好。

A: _____ ?

B: 不太忙。

四. 翻译　번역

1. 안녕하세요!

2. 안녕하십니까?

3. 바쁘세요?

4. 많이 바쁩니다.

5. 그렇게 바쁘지 않습니다.

五. 你问我答 물음에 답하세요

1. 你好!

2. 你好吗?

3. 你忙吗?

한자쓰기

你	ノ イ 伫 伫 佇 你 你
好	く 女 女 妇 好 好
吗	丨 冂 冂 叮 吗 吗
很	ノ ヲ 彳 彳 伃 狠 狠 很 很
忙	丶 丶 忄 忄 忙 忙
五	一 丁 五 五

● 한어, 보통화, 방언

한국과 일본에서 중국인이 사용하는 언어를 '중국어'라고 한다. 그리고 중국인들은 자신들의 언어를 汉语 hànyǔ 또는 中国话 zhōngguóhuà라고 한다.

중국은 전체인구의 90%이상을 차지하는 한족과 나머지 8%이상의 55개 소수민족으로 이루어진 다민족국가이다. 그런데 많은 소수민족들은 각각 나름대로의 언어를 사용하고 있다. 그렇기 때문에 한족이 비록 전체 인구의 90%이상을 차지한다고 하지만 汉语를 곧 중국어라고 할 수 없다. 그리고 한어에도 수많은 방언이 있어서, 하나의 표준적인 공통어(共通语)가 있다.

중국의 언어는 크게는 7개의 방언 사투리가 있다. 이들 7개의 일차 방언들끼리 한자를 쓰지 않으면 의사소통이 안 될 정도로 알아듣기 힘들다.

한국어의 방언 정도인 2차 방언은 수 백 가지에 이른다고 한다. 그러나 신중국 성립 후 1955년 거행된 '전국 문자개혁회의(全国文字改革会议)'상에서 장해약(张溪若)은 대회 주제보고에서 汉민족의 공통언어는 이미 존재하고 있었으며, 이제 보통화라고 이름을 짓고, 보다 규범화하고 표준을 확정하여야 한다고 하였다. 이처럼 사실상 이미 점점 汉민족의 공동언어로 형성된 것은 무엇인가? 이것은 바로 북방화를 기초 방언으로 하고, 북경어음을 표준음으로 하는 보통화(普通话)이다.

한족의 통용어는 근 몇백년 이래로 북방관화를 기초로 하고, 동북화를 보조적으로 하여 점차 형성되었다. 그것은 베이징어의 표준음이지만 또 베이징어는 아니고, 베이징어에서 일부 토착적인 억양으로 형성된 것을 버린 것이다. 한족의 통용어는 중국 대륙에서는 보통화, 타이완에서는 국어(国语), 싱가포르, 말레이시아에서는 화어(华语)라고 칭한다. 학술적으로는 각 한족 지방 언어의 통칭을 가리키기도 하고, 어떤 때는 보통화를 가리키기도 한다. 그리고 국어 이외에 화어, 보어(普语) 등 모두 보통화를 가리킨다. 그러나 보통화가 세계에서 사용하는 사람의 수가 가장 많은 언어 중 하나이고 세계에서 대략 1/7의 인구가 사용하는 일상 교류언어라는 사실에 대해서는 의심할 여지가 없는 사실이다.

1956년 2월 6일 국무원은《보통화를 보급하는데 관한 지시》(关于推广普通话的指示)를 발표하고, 보통화의 의미에 대하여 보완하고 개선하였으며 정식으로 보통화를 '북경어음을 표준음으로 하고 북방화를 기초방언으로 하며, 모범적인 현대백화문저작을 어법규범으로 한다.'고 하였다.

第二课

你身体好吗?

老师	lǎoshī	명	선생님
身体	shēntǐ	명	몸, 신체
我	wǒ	대	나, 저
爸爸	bàba	명	아버지, 아빠
妈妈	māma	명	어머니, 엄마
哥哥	gēge	명	형, 오빠
弟弟	dìdi	명	남동생
妹妹	mèimei	명	여동생
们	men	접	대명사나 사람을 가리키는 명사 뒤에쓰여 복수를 표시함
他们	tāmen	대	그들
都	dōu	부	모두, 다
二	èr	수	이, 둘
三	sān	수	삼, 셋
四	sì	수	사, 넷
十	shí	수	십, 열

A: 老师 好！
Lǎoshī hǎo!

B: 你好！
Nǐ hǎo!

A: 老师 身体 好 吗？
Lǎoshī shēntǐ hǎo ma?

B: 我 很 好。你 爸爸 妈妈 好 吗？
Wǒ hěn hǎo. Nǐ bàba māma hǎo ma?

A: 他们 都 很 好。
Tāmen dōu hěn hǎo.

发音 발음

一. 声母 韵母(2) 성모 운모(2)

성모 z   c   s   zh   ch   sh   r

운모 -i[ʅ]   -i[ʅ]   er   ua   uo   uai   uei   uan   uen   uang   ueng

1. 拼音 병음

	a	e	u	ai	ei	ao	ou	an	en	ang	eng	ong
z	za	ze	zu	zai	zei	zao	zou	zan	zen	zang	zeng	zong
c	ca	ce	cu	cai		cao	cou	can	cen	cang	ceng	cong
s	sa	se	su	sai		sao	sou	san	sen	sang	seng	song
zh	zha	zhe	zhu	zhai	zhei	zhao	zhou	zhan	zhen	zhang	zheng	zhong
ch	cha	che	chu	chai		chao	chou	chan	chen	chang	cheng	chong
sh	sha	she	shu	shai	shei	shao	shou	shan	shen	shang	sheng	
r		re	ru			rao	rou	ran	ren	rang	reng	rong

	-i[ʅ]	-i[ʅ]	er	ua	uo	uai	uei(ui)	uan	uen(un)	uang	ueng
d					duo		dui	duan	dun		
t					tuo		tui	tuan	tun		
n					nuo			nuan			
l					luo			luan	lun		
g				gua	guo	guai	gui	guan	gun	guang	
k				kua	kuo	kuai	kui	kuan	kun	kuang	
h				hua	huo	huai	hui	huan	hun	huang	
z	zi				zuo		zui	zuan	zun		
c	ci				cuo		cui	cuan	cun		
s	si				suo		sui	suan	sun		
zh		zhi		zhua	zhuo	zhuai	zhui	zhuan	zhun	zhuang	
ch		chi		chua	chuo	chuai	chui	chuan	chun	chuang	
sh		shi		shua	shuo	shuai	shui	shuan	shun	shuang	
r		ri			ruo		rui	ruan	run		
			er	wa	wo	wai	wei	wan	wen	wang	weng

2. 说明 설명

1) z, c, s는 혀끝을 앞으로 쭉 뻗쳐 위 앞니에 다다가 조금 떼면서 발음하면 된다.

2) zh, ch, sh, r는 혀를 위로 말아 올리지만 입천장에 닿지 않는다.

3) bi, pi, mi, di, ti, ni, li의 운모, zi, ci, si의 운모, 그리고 zhi, chi, shi, ri의 운모는 똑같이 i로 표기
하지만, 실제의 발음은 각각 다르다.

4) u로 시작하는 운모가 단독으로 쓰일 경우에는 u를 w로 표기 해야 한다. 즉, wa, wo, wai, wei,
wan, wen, wang, weng.

5) uei, uen 두 운모가 성모와 결합하면 e가 생략되고 ui, un으로 표기한다. e 소리는 약화되어 발음
되어야지만, 완전히 생략하면 안 된다.

6) 운모ui가 있는 음절에서는, 성조를 i위에 표시해야 한다.

　예 duì

운모iu가 있는 음절에선, 성조를 u위에 표기해야 한다.

　예 jiǔ

3. 轻声 경성

중국어에서는 일부분의 음절을 짧고 약하게 읽는데, 이것을 경성이라고 부른다. 예를 들면, 妈妈
(māma 어머니)에서 두번째 '妈'의 발음은 경성이다. 경성은 성조를 표기하지 않는다.
경성의 음높이는 앞 음질에 따라서 달라진다. 경우에 따라서 경성의 높이는 다음과 같다.

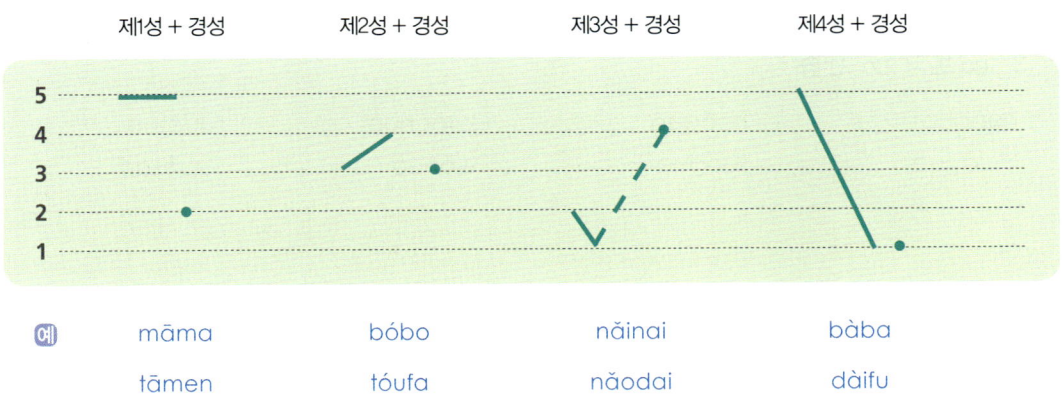

제1성 + 경성	제2성 + 경성	제3성 + 경성	제4성 + 경성
예 māma	bóbo	nǎinai	bàba
tāmen	tóufa	nǎodai	dàifu

4. 隔音符号 격음부호

a, o, e로 시작하는 음절이 다른 음절의 뒤에 이어서 올 때 음절 간의 경계를 분명히 하도록 하기 위
해 격음부호를 사용하여 구분해준다.

　예 bù'ān(불안)　　hǎi'ōu(갈매기)　　Cháng'é(항아)

一. 发音练习 발음연습

1. 单音节朗读 단음절 읽기

zhuā	wān	dūn	cuī	chuāng
huá	wéi	wáng	wén	kuí
wǒ	shuǎi	zǒu	guǎng	chǎo
guò	wèng	sòng	rùn	zuàn

2. 声调组合 성조 조합

zēngduō	dāngrán	zhōngwǔ	suāncù	chēzi
huángguā	nán' ér	tángguǒ	wénhuà	wénzi
wǎngbā	cǎoméi	yǔsǎn	kěshì	wǒmen
huàzhuāng	zhìcí	wàiyǔ	zhùyì	rènshi

3. uo 练习 uo 연습

cuòguo	huǒguō	kuòchuò	luòtuo
shuòguǒ	suǒguó	wōhuǒ	zuòzuo

4. 轻声练习 발음연습

yīfu	pútao	kǒudai	dòufu
kū le	lái le	hǎo le	pò le
gāo ma	máng ma	hǎo ma	è ma
tā de	nán de	nǚ de	dà de
fángzi	wūzi	zhuōzi	yǐzi
kuàizi	sháozi	chāzi	dāozi

二. 替换练习 교체연습

你 你们 老师	好!

你 你们 老师 你哥哥 你弟弟	身体好吗?

我们 他们 老师们 我爸爸妈妈 我哥哥弟弟	都很好。

三. 完成对话 대화 완성하기

A: _____?

B: 我身体很好。

A: _____?

B: 他们都很好。

A: 你弟弟好吗?

B: _____。

四. 排序 문장 순서 배열

1. a 身体   b 好   c 老师   d 吗

2. a 妈妈   b 爸爸   c 好   d 你   e 吗

3. a 哥哥   b 不   c 身体   d 太   e 好

4. a 妈妈   b 爸爸   c 都   d 我   e 忙   f 很

五. 翻译 번역

1. 선생님 안녕하세요!

2. 건강하세요?

3. 아버님, 어머님이 모두 잘 계십니까?

4. 그들 모두 건강합니다.

5. 동생들(남동생, 여동생) 모두 잘 있어요.

六. 你问我答 물음에 답하세요

1. 你弟弟妹妹好吗?

2. 你哥哥忙吗?

3. 你爸爸妈妈身体好吗?

4. 你们老师身体好吗?

我	ノ 一 于 手 扎 我 我
爸	ノ ハ グ グ 父 爷 爷 爸
哥	一 丆 可 可 可 哥 哥 哥 哥
身	ノ 丆 竹 身 身 身 身
都	一 十 土 耂 考 者 者 者 者 都 都
师	ノ 刂 广 师 师 师

● 번체자와 간체자

　오늘날 통용되는 간화자 체계는 중화인민공화국이 1950년대에서 1960년대에 추진한 결과물이지만, 한자를 간소화하여 사용하는 경향은 갑골문 시절부터 있어왔다. 다만 초서를 비롯한 극도로 간략화된 필기체가 생겨나기도 하였지만, 이렇게 간략화된 한자가 정자로서 쓰인 적은 없었다.

　현재 중국 대륙에서 국가 공인의 정규문자로서 사용되는 것은 '简化汉字' 또는 간략화된 한자이다. 이에 대해서 전통적인 字体의 한자, 즉 우리가 말하는 正字는 繁体字라고 한다. 간체자는 중국대륙, 싱가포르에서 사용되고 있고. 번체자는 대만, 홍콩, 한국에서 쓰고 있다. 간체자는 중화인민공화국이 성립된 후 1955년에 제정된 것이 그 시초이다. 같은해 '한자간화방안'의 초안을 발표하여 널리 국민의 의견을 들었다. 1956년 1월 '한자간화방안'이 정식으로 발표되어 514자의 간체자와 54개의 간화된 변(边)과 방(旁)이 채용되었다. 그 뒤 그방안이 만들어지고, 1959년까지 네 차례 발표되어 정식으로 사용되게 되었던 것이다. 1964년 간화자 총표로 정리 되었다.

　간체자는 민간에서 흔히 사용되던 俗字를 비롯해서 古字라든지 초서체(草书体)로 한다든지 혹은 글자 형태를 생략하거나 개조한 것 등 여러 가지 방식으로 채용된 글자이다.

예

來 － 来　　飯 － 饭

紅 － 红　　語 － 语

過 － 过　　錢 － 钱

第三课

我去图书馆

▶▶ 生词 단어

您	nín	㈜ 당신, '你'의 존칭
请	qǐng	⑧ 청하다, 상대방에게 어떤 일을 권할 때 쓰는 경어
进	jìn	⑧ (바깥으로부터 안으로) 들어오다
坐	zuò	⑧ 앉다
谢谢	xièxie	⑧ 감사합니다
这	zhè	㈜ 이, 이것
是	shì	⑧ ~이다
的	de	㈜ ~의
作业	zuòyè	⑲ 숙제, 과제
去	qù	⑧ 가다
哪儿	nǎr	㈜ 어디, 어느 곳
图书馆	túshūguǎn	⑲ 도서관
回	huí	⑧ 돌아가다, 돌아오다
家	jiā	⑲ 집, 가정
再见	zàijiàn	또 뵙겠습니다, 안녕히 계세요(가세요)
六	liù	㈜ 육, 여섯
七	qī	㈜ 칠, 일곱
九	jiǔ	㈜ 구, 아홉
小	xiǎo	⑬ 작다

（一）

A: 老师，您 好！
Lǎoshī, nín hǎo!

B: 你 好！请 进，请 坐。
Nǐ hǎo! Qǐng jìn, qǐng zuò.

A: 谢谢 老师。这 是 我 的 作业。
Xièxie lǎoshī. Zhè shì wǒ de zuòyè.

B: 好 。
Hǎo.

（二）

A: 你 去 哪儿？
Nǐ qù nǎr?

B: 我 去 图书馆，你 去 不 去？
Wǒ qù túshūguǎn, nǐ qù bu qù?

A: 我 不 去，我 回 家。
Wǒ bú qù, Wǒ huí jiā.

B: 再 见！
Zài jiàn!

A: 再 见！
Zài jiàn!

一. 声母 韵母(3) 성모 운모(3)

성모 j   q   x

운모 ia   ie   iao   iou(iu)   ian   in   iang   ing   iong   üe   üan   ün

1. 拼音 병음

	i	ia	ie	iao	iou(iu)	ian	in	iang	ing	iong	ü	üe	üan	ün
b	bi		bie	biao		bian	bin		bing					
p	pi		pie	piao		pian	pin		ping					
m	mi		mie	miao	miu	mian	min		ming					
f														
d	di		die	diao	diu	dian			ding					
t	ti		tie	tiao		tian			ting					
n	ni		nie	niao	niu	nian	nin	niang	ning		nü	nüe		
l	li	lia	lie	liao	liu	lian	lin	liang	ling		lü	lüe		
j	ji	jia	jie	jiao	jiu	jian	jin	jiang	jing	jiong	ju	jue	juan	jun
q	qi	qia	qie	qiao	qiu	qian	qin	qiang	qing	qiong	qu	que	quan	qun
x	xi	xia	xie	xiao	xiu	xian	xin	xiang	xing	xiong	xu	xue	xuan	xun
	yi	ya	ye	yao	you	yan	yin	yang	ying	yong	yu	yue	yuan	yun

2. 说明 설명

1) ia, ie, iao, iou, ian, iang, iong 운모 앞에 성모가 오지 않는 경우, i는 y로 바꿔 적어야 한다. 즉, ya, ye, yao, you, yan, yang, yong.
   in, ing 운모 앞에 성모가 오지 않는 경우, 운모 앞에 y를 덧붙여 줘야 한다. 즉, yin, ying.

2) 운모 iou가 성모와 결합하면 o가 생략되고 iu으로 표기한다. o소리는 약화되어 발음 되어야지만, 완전히 생략하면 안 된다.

3) üe, üan, ün 운모 앞에 성모가 오지 않는 경우, ü는 u로 바꾸고 맨 앞에 y를 덧붙여준다. 즉, yue, yuan, yun.

4) ü, üe, üan, ün과 j, q, x를 합쳐 표기할 때는 ü 위의 두 점은 삭제한다. n, l과 ü를 함께 표기할 때는 ü 그대로 표기 한다.

一. 发音练习 발음연습

1. 单音节朗读 단음절 읽기

diāo	xiē	biān	jiāng	dīng	quē	jūn
bié	niú	nián	nín	yáng	xuán	yún
liǎ	xiǎo	yě	yǒu	xǔ	jiǒng	juǎn
xià	jiàn	liù	liàng	yòng	xùn	yào

2. 声调组合 성조 조합

xiāngjiāo	kōngtiáo	shēnqiǎn	qīnqiè	dōngxi
quánjiā	tóngxué	píjiǔ	yíngyè	biéde
běibiān	měiyuán	jiǎnshǎo	wǎnfàn	jiějie
chànggē	qùnián	xiàwǔ	shuìjiào	kèqi

3. üe /üan /ün 发音练习 üe /üan /ün 발음 연습

xiàoyuán	yānjuǎn	quánxiàn	xuǎnzé
yuēlüè	juécài	xuéxiào	quèqiè
yùndòng	xijūn	qúnzhòng	xùnliàn

4. iu(iou) 发音练习 iu(iou) 발음연습

lánqiú	páiqiú	bàngqiú	wǎngqiú
pīngpāngqiú	yǔmáoqiú	bǎolíngqiú	zúqiú
hóngjiǔ	báijiǔ	shāojiǔ	píjiǔ

5. ian 发音练习 ian 발음 연습

qiánnián	qùnián	jīnnián	míngnián	hòunián
qiántiān	zuótiān	jīntiān	míngtiān	hòutiān
dōngbiān	nánbiān	xībiān	běibiān	pángbiān

6. 地名朗读　지명 읽기

Běijīng	Shànghǎi	Guǎngzhōu	Xī'ān	Xiānggǎng
Shǒu'ěr	Fǔshān	Dàtián	Guāngzhōu	Jìzhōu
Gùgōng	Jǐngfúgōng	Zhōngnánhǎi	Qīngwǎtái	Tiān'ānmén

二. 替换练习　교체연습

你	去不去?
他们	忙不忙?
爸爸	好不好?

我		图书馆。
老师	去	学校。
哥哥		食堂。

谢谢	你!
	您!
	老师!

你		家?
她们	回不回	学校?
弟弟		图书馆?

补充生词　보충 단어

学校 xuéxiào 〔명〕학교
食堂 shítáng 〔명〕식당

三. 完成对话　대화 완성하기

(一)

A: 老师, 您好!

B: 你好! 请＿＿＿＿＿＿＿, 请＿＿＿＿＿＿＿。

A: ＿＿＿＿＿＿＿。这是我的作业。

(二)

A: 我去图书馆, ＿＿＿＿＿＿＿?

B: 我不去, ＿＿＿＿＿＿＿。

A: 再见!

B: _____ !

四. 排序 문장 순서 배열

1. a 我 　　　b 图书馆 　　　c 去

2. a 家 　　　b 不 　　　c 回 　　　d 他

3. a 是 　　　b 这 　　　c 作业 　　　d 的 　　　e 我

4. a 去 　　　b 去 　　　c 不 　　　d 图书馆 　　　e 你

五. 翻译 번역

1. 들어오세요!

2. 앉으세요.

3. 저는 안 갑니다.

4. 저는 학교 도서관에 갑니다.

5. 저는 집에 갑니다.

6. 안녕히 가세요.

六. 你问我答 물음에 답하세요

1. 你身体好吗?

2. 你忙吗?

3. 我去图书馆，你去不去?

4. 我回家，你回不回家?

5. 这是不是你的作业？

6. 再见!

한자쓰기

进	一 二 キ 井 井 讲 进
谢	丶 讠 讠 讠 讠 讠 谢 谢 谢 谢 谢 谢
回	丨 冂 冂 冋 回 回
家	丶 丶 宀 宀 宁 宇 字 家 家 家
再	一 厂 厂 厅 再 再
见	丨 冂 贝 见

1. 숫자 1 에서 10을 나타내는 손동작

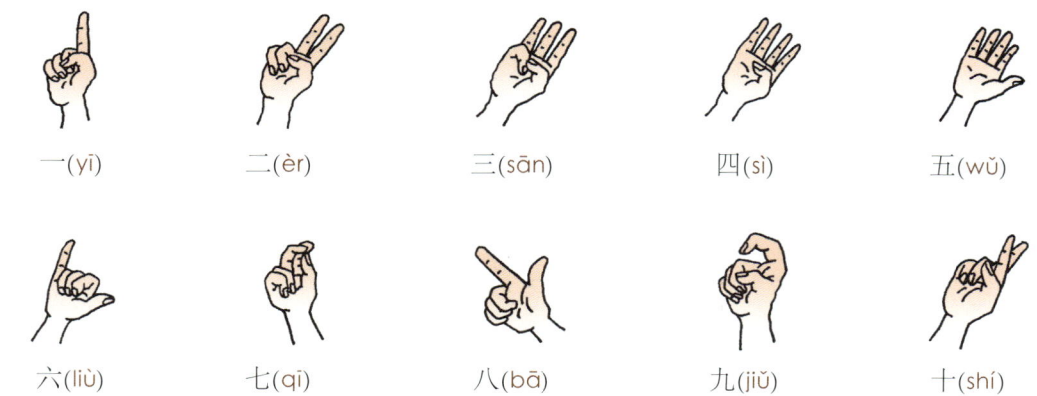

一(yī) 二(èr) 三(sān) 四(sì) 五(wǔ)

六(liù) 七(qī) 八(bā) 九(jiǔ) 十(shí)

2. 중국인과 숫자

중국인은 2, 6, 8과 같은 짝수를 좋아합니다. '2'에는 '成双成对(둘씩 짝을 이룬다)'라는 뜻이 있고, '6'은 '禄(lù)'와 발음이 유사하며 '六六大顺(길이길이 크게 순조롭다)'의 뜻이 있습니다. 또, '8'은 '发(fā)'와 발음이 유사하여 돈을 번다는 의미를 가지고 있습니다. 그래서 중국인은 친척이나 친구들에게 경사가 있으면 항상 짝수로 축의금을 내고, 반대로 장례식을 치르면 홀수로 부조금을 냅니다.

중국인은 숫자 9도 좋아합니다. '9'는 '久(jiǔ, 오래다)'와 발음이 유사하여 '长长久久(오래도록 영원히)'의 의미를 갖습니다.

그 밖에도 1은 '要(yào, 원하다)'와 발음이 비슷하고, 5는 '吾(wú, 나)'와 발음이 비슷하고, 9는 '就(jiù, 곧)'와 발음이 비슷합니다. 그렇다면 이제 중국의 상점에 항상 '198', '518'과 같은 가격이 있는 이유를 알 수 있겠지요?

第四课

您贵姓?

▶▶ 生词 단어

请问	qǐngwèn	실례합니다, 여쭤 보겠습니다
问	wèn	⑧ 묻다
贵	guì	⑲ 귀하다, 존경의 뜻을 나타내는 말
姓	xìng	⑱ 성, 성씨 ⑧ 성이 ~이다
什么	shénme	⑭ 무엇, 어떤, 무슨
叫	jiào	⑧ ~라고 부르다
名字	míngzi	⑱ 이름, 성명
哪	nǎ	⑭ 어느, 어떤
国	guó	⑱ 나라, 국가
人	rén	⑱ 사람
韩国	Hánguó	⑱ 한국
中国	Zhōngguó	⑱ 중국
呢	ne	㉃ 문장의 끝에 쓰여 의문의 어기를 나타냄
认识	rènshi	⑧ 알다
高兴	gāoxìng	⑲ 기쁘다, 즐겁다
也	yě	⑭ ~도

▶▶ 专有名词 고유명사

金英美	Jīn Yīngměi	김영미(사람이름)
王	Wáng	왕씨

金英美: 请问，您贵姓？
Qǐngwèn, nín guì xìng?

王老师: 我姓王。你姓什么？
Wǒ xìng Wáng. Nǐ xìng shénme?

金英美: 我姓金。
Wǒ xìng Jīn.

王老师: 你叫什么名字？
Nǐ jiào shénme míngzi?

金英美: 我叫金英美。
Wǒ jiào Jīn Yīngměi.

王老师: 你是哪国人？
Nǐ shì nǎ guó rén?

金英美: 我是韩国人。您呢？
Wǒ shì Hánguó rén. Nín ne?

王老师: 我是中国人。
Wǒ shì Zhōngguó rén.

认识你很高兴！
Rènshi nǐ hěn gāoxìng!

金英美: 认识您，我也很高兴！
Rènshi nín, wǒ yě hěn gāoxìng!

er 和儿化韵 er과 얼화운

er을 발음할 때, 혀는 먼저 e를 발음하는 위치에 놓고 가볍게 위로 들면서 발음한다.

예 érzi (儿子 아들)　　nǚ'ér (女儿 딸)　　Shǒu'ěr (首尔 서울)
　　ěrduo (耳朵 귀)　　èrshí (二十 이십)　　shí'èr (十二 십이)

er은 종종 다른 운모와 결합하여 그 운모를 얼화운모로 만든다. 얼화운모를 표기할 때에는 원래 운모의 뒤에 r을 붙인다.

예 wánr (玩儿 놀다)　　huār (花儿 꽃)　　shìr (事儿 일)

1. 贵姓

상대방의 성을 묻는 정중한 표현이다. 때로는 이름까지 대답하기도 한다.

주의: '贵姓'는 '您/你贵姓?' 2인칭에만 쓸 수 있다. '我贵姓?', '他贵姓?'라는 표현을 할 수 없다.

2. 呢

상대방의 질문에 대답한 후, 상대에게 동일한 질문을 할 때 사용한다.

> 예 A: 你是哪国人?
> B: 我是韩国人。你呢?

여기서 '你呢'는 '你是哪国人'라는 뜻을 의미한다.

3. 의문대명사를 쓰는 의문문

문장 중 의문대명사 '什么(shénme), 哪(nǎ), 哪儿(nǎr), 谁(shuí/shéi, 누구)' 등을 사용하는 의문문의 어순은 평서문과 같다. '주어+술어+목적어' 평서문 중에서 묻고자 하는 부분을 의문대명사로 바꾸면 의문문이 된다.

> 예 你是哪国人?
> 他姓什么?

4. 也

부사 '也'는 문장에서 반드시 주어 뒤, 술어동사나 형용사 앞에 놓인다.

> 예 认识你, 我也很高兴。
> 我也是中国人。

练习 연습

一. 发音练习 발음연습

1. 单音节朗读 단음절 읽기

zāng-zhāng	cāng-chāng	sāng-shāng	lāng-rāng
zú-zhú	cú-chú	sú-shú	lú-rú
zǎo-zhǎo	cǎo-chǎo	sǎo-shǎo	lǎo-rǎo
zòu-zhòu	còu-chòu	sòu-shòu	lòu-ròu

2. 声调组合 성조 조합

chūfā	kāixué	xiāngshuǐ	zhūròu	chōuti
tíngchē	wénxué	chángduǎn	róngyì	míngzi
huǒchē	jǐngchá	shuǐguǒ	yǐhòu	wǎnshang
zhèxiē	rìyuán	xiàozhǎng	jièshào	hùshi

3. 多音节朗读 다음절 읽기

Lǐ lǎobǎn	Piáo kēzhǎng	Jīn dàilǐ	Zhào bùzhǎng
Liú xiānsheng	Wáng xiǎojiě	Lín jiàoshòu	Zhāng dàifu
Qínshǐhuáng	Dèng Xiǎopíng	Shìzōng Dàwáng	Lǐ Shùnchén

4. 儿化韵 얼화운

zhǐhér	mǐlìr	yúcìr	yǒushìr
tǔdòur	chòuwèir	yíkuàir	táohuār
yíhuìr	hǎowánr	fànguǎnr	méiménr

5. 课堂用语 수업 용어

Xiànzài shàngkè.	现在上课。
Xiànzài tīngxiě.	现在听写。
Xiànzài bùzhì zuòyè.	现在布置作业。
Qǐng kàn hēibǎn.	请看黑板。
Qǐng jiāo zuòyè.	请交作业。

二. 替换练习 교체연습

我们 老师 她们	是	韩国人。 中国人。 日本人。	

| 你
你们
老师 | 是 | 英国人
法国人
德国人 | 吗? |

| 她
她们
他们 | 是不是 | 韩国人?
日本人?
美国人? | |

补充生词 보충 단어

日本 Rìběn 명 일본
英国 Yīngguó 명 영국
法国 Fǎguó 명 프랑스
德国 Déguó 명 독일
美国 Měiguó 명 미국

三. 完成对话　대화 완성하기

A: _____?

B: 我姓张。_____?

A: 我姓金。

B: _____?

A: 我叫金英美。

B: _____?

A: 我是韩国人。

B: 认识你我很高兴!

A: _____!

四. 排序 문장 순서 배열

1. a 叫　　　b 什么　　　c 名字　　　d 你

2. a 哪　　　b 国　　　c 是　　　d 你　　　e 人

3. a 人　　　b 是　　　c 吗　　　d 中国　　　e 老师

4. a 也　　　b 你　　　c 我　　　d 认识　　　e 很高兴

五. 翻译 번역

1. 성씨는 무엇입니까? (존댓말)

2. 성씨는 뭐에요? (평어)

3. 이름이 무엇입니까?

4. 당신은 어느 나라 사람입니까?

5. 저는 한국 사람입니다.

6. 만나서 반갑습니다.

六. 你问我答 물음에 답하세요

1. 您贵姓?

2. 你叫什么名字?

3. 你是哪国人?

4. 你是韩国人吗?

5. 你们老师姓什么?

6. 你们老师是哪国人?

7. 你们老师身体好吗?

8. 认识你很高兴!

한자쓰기

名	ノ ク タ タ 名 名
哪	丨 冂 口 叮 叮 叮 哪 哪 哪
韩	一 十 十 古 古 卓 卓 草 草 韩 韩 韩
国	丨 冂 冂 冃 冃 国 国 国
贵	丨 口 口 虫 虫 虫 串 贵 贵
是	丨 冂 冂 日 旦 早 早 是 是

● 중국인의 성(姓)

중국인의 성은 대부분 수천 년 전부터 대대로 전해져 온 것이다. 수천 년의 발전 변화를 겪으면서 예전에는 단순히 민족 대대로 내려오던 것이 점차 독특한 문화를 형성하게 되었다.

중국의 성씨 하면 사람들이 가장 익숙하게 떠올리는 것은 바로《百家姓》이다. 이 책은 오래 전 아이들의 계몽서적 가운데 하나이기 때문이다.《百家姓》는 북송 초기에 만들어졌다. 최초에 수집된 성씨가 411개 이고 이후에 504개 성씨를 보충하였다. 그러나 비교적 새로운 통계에 근거하면 현재 중국의 성씨는 이미 23,000 여 개에 달한다.

《百家姓》에 출현하는 성씨 가운데 가장 앞쪽의 4개 성은 '赵(조)钱(전)孙(손)李(이)'이다. 이러한 네 개의 성이 앞쪽에 배열된 것은 중국인들에게 가장 많은 성씨이기 때문이 아니다.《百家姓》은 송대 吳越(오월) 錢塘(전당) 지역에서 형성되었는데, 송대의 황제가 조씨였고, 오월국의 국왕이 전씨였고, 오월 국왕 전숙의 정비가 손씨였으며, 남당의 국왕이 이씨였기 때문에 위의 네 개 성이 百家姓의 맨 앞 네 자리를 차지하게 되었다. 실제로는 통계에 따르면 현재 중국의 성씨 가운데 가장 많은 것은 李씨, 王씨, 張씨이다.

중국인의 성은 대부분 비교적 흔한 것들이지만 때로는 비교적 특이한 성씨도 있다. 예를 들면, 东、西、南、北、中、一、二、三、四、五、六、七、八、九、十、狼(Láng, 늑대)、鸡(Jī, 닭)、 猴(Hóu, 원숭이)、 狗(Gǒu, 개)、蛇(Shé, 뱀) 등이다. 심지어는 '死、难(Nàn)、黑(Hè)、老、毒'의 성씨도 있다.

중국에서는 나이가 많은 사람이 나이가 어린 사람을 부를 때 성 앞에 '小'자를 붙여서 '小+姓'라고 부른다. 그리고 그 반대의 경우에는 성 앞에 '老'자를 붙여서 '老+姓'라고 부른다. 예를 들어 성이 张씨인 경우, 나이가 젊으면 연장자에게 '小张'이라고 불리고, 나이가 비교적 많은 경우에는 종종 '老张'이라고 불린다.

第五课

这是什么?

▶▶ 生词 단어

位	wèi	양 분(사람의 수를 세는 단위, 존경의 뜻을 포함하고 있음)
谁	shuí, shéi	대 누구
那	nà	대 그, 저
书	shū	명 책
汉语	Hànyǔ	명 중국어
中文	Zhōngwén	명 중국어
韩语/韩文	Hányǔ / Hánwén	명 한국어
日语/日文	Rìyǔ / Rìwén	명 일본어
英语/英文	Yīngyǔ / Yīngwén	명 영어
难	nán	형 어렵다
手机	shǒujī	명 휴대폰
笔	bǐ	명 펜등의 통칭
电子	diànzǐ	명 전자
词典	cídiǎn	명 사전
杂志	zázhì	명 잡지
姐姐	jiějie	명 언니, 누나

▶▶ 专有名词 고유명사

李	Lǐ	이씨
张东明	Zhāng Dōngmíng	장동명(사람이름)

（一）

王老师： 这 位 是 谁？
　　　　Zhè wèi shì shuí?

张东明： 这 位 是 我 爸爸。
　　　　Zhè wèi shì wǒ bàba.

王老师： 那 位 是 谁？
　　　　Nà wèi shì shuí?

张东明： 那 位 是 李 老师。
　　　　Nà wèi shì Lǐ lǎoshī.

（二）

张东明： 这 是 什么？
　　　　Zhè shì shén me?

金英美： 这 是 书。
　　　　Zhè shì shū.

张东明： 这 是 什么 书？
　　　　Zhè shì shénme shū?

金英美： 这 是 汉语 书。
　　　　Zhè shì Hànyǔ shū.

张东明： 汉语 难 吗？
　　　　Hànyǔ nán ma?

金英美： 不 太 难。
　　　　Bú tài nán.

张东明： 那 是 什么？
　　　　Nà shì shénme?

金英美： 那 是 手机。
　　　　Nà shì shǒujī.

张东明： 那 是 谁 的 手机？
　　　　Nà shì shuí de shǒujī?

金英美： 那 是 我 姐姐 的 手机。
　　　　Nà shì wǒ jiějie de shǒujī.

1. 양사 '位'

'位'는 사람에 대한 존칭양사(量词)로서 앞에 지시대명사인 '这' 혹은 '那'를 사용할 수 있다.

> 예   这位是谁?
>   那位是张老师。

2. '是' 자문

동사 '是'가 기타 단어 또는 구와 결합하여 술어를 구성한 문장을 '是'자문이라고 한다. '是'자문의 부정 형식은 '是' 앞에 부정부사인 '不'를 붙이면 된다.

> 예   这是书。
>   他不是美国人。

一. 发音练习 발음연습

1. 单音节朗读 단음절 읽기

jī	qī	xī	jū	qū	xū
jié	qié	xié	jué	qué	xué
jiǎn	qiǎn	xiǎn	juǎn	quǎn	xuǎn
jìn	qìn	xìn	jùn	qùn	xùn

2. 声调组合   성조 조합

kāfēi	huānyíng	qiānbǐ	shūdiàn	zhīdao
máoyī	hóngchá	cídiǎn	niánjì	juéde
hǎijūn	yǔyán	xuǎnjǔ	bǐjiào	jiǎozi
dàngāo	dàxué	bàozhǐ	guìzhòng	kùzi

3. 多音节朗读 다음절 읽기

diànshìjī	xǐyījī	lùyīnjī	diànhuàjī
yuánzhūbǐ	bǐjìběn	diànzǐ cídiǎn	zìdòng qiānbǐ
fúwùyuán	shòuhuòyuán	shòupiàoyuán	yíngyèyuán

4. 课堂用语 수업 용어

Qǐng tīng wǒ shuō.	请听我说。
Qǐng gēn wǒ niàn.	请跟我念。
Qǐng gēn wǒ dú.	请跟我读。
Qǐng gēn wǒ xiě.	请跟我写。
Dàjiā xīnkǔ le.	大家辛苦了。

5. 谜语 수수께끼

红 门 楼 儿， 빨간 대문과
Hóng mén lóur,

白 门 槛 儿， 흰 문턱안에
bái mén kǎnr,

里边 住 着 个 小 红 孩儿。 한 빨간 아이가 살고 있다.
lǐbiānr zhù zhe ge xiǎo hóng háir.

二. 替换练习 교체연습

这是	日语/日文 英语/英文 德语/德文 法语/法文	书。

那是	他的 哥哥的 弟弟的 妹妹的	笔。 作业。 杂志。 电子词典。

这位是	我爸爸。 我们老师。 我弟弟的老师。

那位是	李老师。 他哥哥。 金英美的姐姐。

补充生词 보충 단어

德语 Déyǔ / 德文 Déwén
명 독일어

法语 Fǎyǔ / 法文 Fǎwén
명 불어

三. 完成对话 대화 완성하기

A: _____ ?

B: 那位是张老师。

A: ＿＿＿＿＿＿＿＿？

B: 这是书。

A: ＿＿＿＿＿＿＿＿？

B: 这是英语书。

A: ＿＿＿＿＿＿＿＿？

B: 这是我的英语书。

A: ＿＿＿＿＿＿＿＿？

B: 很难。

四. 排序 문장 순서 배열

1. a 太　　　　b 难　　　　c 不　　　　　　d 汉语

2. a 手机　　　b 那　　　　c 谁　　　　　　d 的　　　　e 是

3. a 这　　　　b 我　　　　c 是　　　　　　d 爸爸　　　e 位

4. a 汉语　　　b 是　　　　c 不　　　　　　d 那　　　　e 书

5. a 哥哥　　　b 是　　　　c 电子词典　　　d 的　　　　e 那

五. 翻译 번역

1. 이것은 무엇입니까?

2. 이 분이 누구십니까?

3. 이것은 영어 책입니다.

4. 저것은 누구의 전자 사전입니까?

5. 저분은 중국어 선생님입니다.

6. 이분은 김영미의 아버님입니다.

六. 你问我答 물음에 답하세요

1. 这位是谁?

2. 你叫什么名字?

3. 她是哪国人?

4. 她身体好吗?

5. 你是金英美吗?

6. 那是什么?

7. 那是谁的书?

8. 汉语难吗?

书	ㄱ 马 书 书						
笔	ノ ト ゟ ゛ 竹 竹 笑 笑 笔						
汉	` ` 氵 汀 汉						
语	` 讠 讠 许 许 评 评 语 语						
词	` 讠 讠 讠 词 词 词						
典	丨 冂 曰 曲 曲 典 典						

文具

笔袋
bǐdài

铅笔
qiānbǐ

自动铅笔
zìdòngqiānbǐ

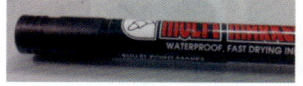

白板笔
báibǎnbǐ

圆珠笔
yuánzhūbǐ

油性笔
yóuxìngbǐ

书包
shūbāo

削笔机
xiāobǐjī

固体胶
gùtǐjiāo

剪刀
jiǎndāo

修正带
xiūzhèngdài

文件夹
wénjiànjiā

第六课

今天星期几?

▶▶ 生词 단어

今天	jīntiān	몡	오늘
天	tiān	몡	날, 하늘
星期	xīngqī	몡	주, 요일
星期一	xīngqīyī	몡	월요일
星期二	xīngqī'èr	몡	화요일
星期三	xīngqīsān	몡	수요일
星期四	xīngqīsì	몡	목요일
星期五	xīngqīwǔ	몡	금요일
星期六	xīngqīliù	몡	토요일
星期日	xīngqīrì	몡	일요일
星期天	xīngqītiān	몡	일요일
现在	xiànzài	몡	현재, 지금
几	jǐ	때	몇
点	diǎn	양	시(시간의 단위)
两	liǎng	수	둘, 이
书店	shūdiàn	몡	서점
学校	xuéxiào	몡	학교
明天	míngtiān	몡	내일
见	jiàn	동	만나다
月	yuè	몡	달, 월
号	hào	몡	일, 날
昨天	zuótiān	몡	어제
生日	shēngrì	몡	생일
日	rì	몡	일, 날

（一）

张东明： 今天 星期几？
Jīntiān xīng qī jǐ?

金英美： 今天 星期二。
Jīntiān xīng qī 'èr.

张东明： 现在 几点？
Xiànzài jǐdiǎn?

金英美： 现在 两点。你 去 哪儿？
Xiànzài liǎngdiǎn. Nǐ qù nǎr?

张东明： 我 去 书店。你 呢？
Wǒ qù shūdiàn. Nǐ ne?

金英美： 我 去 学校。
Wǒ qù xuéxiào.

张东明： 明天 见！
Míngtiān jiàn!

金英美： 明天 见！
Míngtiān jiàn!

（二）

张东明： 今天 几 月 几 号？
Jīntiān jǐ yuè jǐ hào?

金英美： 今天 四 月 九 号。
Jīntiān sì yuè jiǔ hào.

张东明： 昨天 是 我 的 生日，
Zuótiān shì wǒ de shēngrì,

你 的 生日 是 几 月 几 号？
nǐ de shēngrì shì jǐ yuè jǐ hào?

金英美： 我 的 生日 是 十 月 五 号。
Wǒ de shēngrì shì shí yuè wǔ hào.

语言点注释 어법 설명

1. 월, 일, 요일을 표시 하는 법

1) 월의 표시법: 수사 1~12까지 수 뒤에 '月'를 붙이면 일 년 열두 달을 만들 수 있다.

> 예 一月, 十二月

2) 일의 표시법

수사 1~31까지의 수 뒤에 '日/号'를 붙이면 된다. 구어상으로 '号'가 주로 쓰이며, 서면어에서는 종종 '日'을 사용한다.

> 예 九日/九号, 三十一日/三十一号

3) 요일의 표시법

'星期'는 '礼拜(lǐbài)'라고도 말할 수 있다.

월요일	화요일	수요일	목요일	금요일	토요일	일요일
星期一	星期二	星期三	星期四	星期五	星期六	星期日 / 天
礼拜一	礼拜二	礼拜三	礼拜四	礼拜五	礼拜六	礼拜日 / 天

2. '二'는 양사 혹은 '天'、'点'、'年' 앞에 쓰일 때 '两'을 쓴다.

> 예 两天, 两个月

3. 명사 술어문

명사나 명사구 또는 수량사 등이 직접 술어가 되는 문장을 명사술어문이라고 한다. 부정형은 '是' 앞에 '不'를 붙이면 된다.

> 예 今天星期一。
> 　　今天不是四月九号。

一. 发音练习 발음연습

1. 单音节朗读 단음절 읽기

zūn-jūn	cūn-qūn	sūn-xūn	wū-yū
zú-jú	cú-qú	sú-xú	wú-yú
nǔ-nǚ	lǔ-lǚ	zǔ-jǔ	wǔ-yǔ
zuàn-juàn	cuàn-quàn	suàn-xuàn	wù-yù

2. 声调组合 성조 조합

sījī	gōngyuán	shēntǐ	gōngzuò	bāozi
nánfāng	shítáng	yángsǎn	páiduì	shénme
lǎogōng	lǎopó	lǐjiě	kǎolǜ	nǚde
lǜshī	miàntiáo	jìzhě	jiàoshòu	piàoliang

3. 多音节朗读 다음절 읽기

qù shāngdiàn	qù chāoshì	qù jiàoshì	qù fángjiān
Zhōngqiūjié	Chūnjié	Értóngjié	Guóqìngjié
bù lěng bú rè	bù gāo bù dī	bù hǎo bú huài	bú dà bù xiǎo

4. 课堂用语 수업 용어

Zài tīng yí biàn.	再听一遍。
Zài dú yí biàn.	再读一遍。
Zài shuō yí biàn.	再说一遍。
Zài xiě yí biàn.	再写一遍。

5. 歌曲 노래

祝 你 生日 快乐，
Zhù nǐ shēngrì kuàilè,

祝 你 生日 快乐，
zhù nǐ shēngrì kuàilè,

祝 你 生日 快乐，
zhù nǐ shēngrì kuàilè,

祝 你 生日 快乐！
zhù nǐ shēngrì kuàilè!

二. 替换练习 교체연습

昨天	星期几？
	星期二。
	星期四。
	星期五。

今天 明天 你的生日	几月几号？

明天 星期二 二月十四号	是	我的 爸爸的 妹妹的	生日。

星期五姐姐 星期六他 现在老师 四点我们	去	书店。 李老师家。 北京大学。 清华大学。

补充生词 보충 단어

北京大学 Běijīng Dàxué
북경대학교

清华大学 Qīnghuá Dàxué
청화대학교

三. 完成对话　대화 완성하기

A: _____？

B: 今天五月五号。

A: _____？

B: 明天星期四。

A: _____？

B: 今天不是我的生日。

A: _____？

B: 我的生日是九月八号。

A: _____？

B: 现在两点。

A: _____？

B: 我去学校。

四. 排序　문장 순서 배열

1. a 我们　　b 见　　　c 三　　　d 点

2. a 学校　　b 去　　　c 星期二　　d 他

3. a 我　　　b 生日　　c 的　　　d 是　　　e 昨天

4. a 十三　　b 四　　　c 明天　　d 月　　　e 号

5. a 去　　　b 点　　　c 我　　　d 两　　　e 书店

6. a 是　　　b 妹妹　　c 的　　　d 生日　　e 星期六

五. 翻译 번역

1. 오늘은 몇 월 몇 일입니까?

2. 내일은 제 생일입니다.

3. 지금은 몇 시입니까?

4. 그는 두 시에 서점에 갑니다.

5. 내일 봐요.

6. 수요일에 봐요.

六. 你问我答 물음에 답하세요

1. 今天几月几号?

2. 今天星期几?

3. 你星期几去学校?

4. 明天几月几号, 星期几?

5. 这是谁的手机?

6. 现在几点?

7. 两点我去书店, 你呢?

8. 星期天见!

号	丨 冂 口 号 号				
星	丨 冂 日 日 旦 尸 旱 星 星				
期	一 十 卝 甘 甘 苴 其 其 期 期 期 期				
现	一 二 干 王 玑 玑 玚 现				
在	一 ナ 广 广 在 在				
学	丶 丷 丷 兴 学 学 学 学				

● 중국의 명절과 휴일

중국의 명절 가운데에는 춘절(春节, Chūnjié), 청명절(清明节, Qīngmíngjié), 단오절(端午节, Duānwǔjié), 중추절(中秋节, Zhōngqiūjié)과 같은 네 가지 전통 명절이 있다.

춘절은 중국의 가장 성대하고 가장 떠들썩한 명절이다. 음력 12월 30일 밤(团圆夜 tuányuányè 라고도 한다)이면 온 가족이 한 자리에 모여 团圆饭을 먹는다. 전통적 의미에서 춘절은 음력 12월 초8일의 납제(腊祭, làjì) 혹은 12월 23일, 24일의 제조(祭灶, jìzào) 때부터 정월 15일 대보름까지이다. 춘절의 풍속으로는 춘련(春联, chūnlián)을 붙이고, 세화(年画)를 붙이고, '福'자를 붙이고, 창문 장식 종이를 자르고, 설 떡을 찌고, 만두를 만들며, 세배를 하고, 용돈을 주고, 폭죽을 터뜨리고, 민속놀이를 하는 것 등등이 있다.

청명절은 매년 양력 4월 4일에서 6일까지 이다. 처음에는 24절기 가운데 하나였다. 청명이 되면 기온이 상승하고 강우량이 증가하므로 땅을 일구고 파종하기에 가장 좋은 계절이다. 이후에 청명은 민간에서 불을 금하고 성묘하는 날인 한식과 시기가 비슷하여 두 절기가 점점 하나로 합해졌고, 결국 조상에게 제사 지내고 성묘하는 명절로 탄생하였다.

단오절은 음력 5월 5일로, 이 날 중국인들은 종자(粽子)를 먹고, 용모양으로 장식한 배를 타고 경주를 한다. 설에 따르면 이는 전국시대의 위대한 시인 굴원(屈原)을 기념하기 위한 것이다. 굴원은 왕실에 충성하였으나 다른 신하들의 참언으로 인해 추방당하였고, 결국에는 멱라강(汨罗江: 장시(江西)성에서 발원(發源)하여 후난(湖南)성으로 흘러들어가는 강 이름)에 몸을 던져 죽었다. 그 지역의 백성들은 소식을 듣고 곧바로 배를 저어 그를 구하러 갔는데, 이것이 후에 용머리 장식의 배를 타고 경주하는 풍속이 되었다. 또한 백성들은 강의 물고기가 굴원의 시신을 뜯어 먹을까 두려워하여 집으로 돌아가 쌀 뭉치를 들고 와서는 강속에 던졌는데, 이것이 후에 종자를 먹는 풍속이 되었다.

중추절은 음력 8월 15일이다. 사적의 기록에 따르면 고대 제왕이 달에 제사를 지내던 날로, 시기적으로는 삼추(三秋: 음력으로 가을에 해당하는 세 달)의 절반에 해당하므로 '중추절'이라고 하였다. 중추절은 宋代부터 성행하였고, 明, 清代에는 주요 명절 가운데 하나가 되었다. 중추절의 기원에 관해서는 대체로 다음 세 가지 설이 있다. 고대 달에 대한 숭배에서 기원하였다는 설과 달 아래에서 춤추고 노래하며 짝을 찾던 풍속에서 기원하였다는 설, 고대 가을이면 토지신에게 보답하고 절하던 풍속에서 기원하였다는 설이다. 중추절에 사람들은 달을 감상하고 달에게 소원을 빌고, 월병을 먹으며 함께 모여 명절을 보내는 풍속이 있다.

4개의 전통 명절 이외에도 중국에는 원단(1월 1일), 부녀절(3월 8일), 노동절(5월 1일), 청년절(5월 4일), 아동절(6월1일), 국경절(10월 1일) 등이 있다.

第七课

复习(一)

▶▶ 生词 单어

给	gěi	(전치) ~에게
介绍	jièshào	(동) 소개하다
在	zài	(동) ~에 있다
朋友	péngyou	(명) 친구
欢迎	huānyíng	(동) 환영하다
留学生	liúxuéshēng	(명) 유학생
学习	xuéxí	(동) 학습하다, 배우다 (명) 학습, 공부
汉字	Hànzì	(명) 한자
发音	fāyīn	(명) 발음
对了	duì le	아참, 맞다 (갑자기 어떤일이 생각 났을때 사용 하는표현)
喝	hē	(동) 마시다
茶	chá	(명) 차
吧	ba	(조) 구절 끝에 쓰여 제의, 부탁등 의 어기를 나타나는 어기 조사
大家	dàjiā	(대) 여러분, 모두
每天	měitiān	(부) 매일, 날마다
半	bàn	(수) 반, 절반
分	fēn	(양) 분(시간의 단위)
宿舍	sùshè	(명) 기숙사
和	hé	(접) ~와/과

(张 东明 给 王 老师 介绍 金 英美。)
Zhāng Dōngmíng gěi Wáng lǎoshī jièshào Jīn Yīngměi.

张东明： 王 老师 在 吗？
Wáng lǎoshī zài ma?

王老师： 在 。 请 进！
Zài. Qǐngjìn!

张东明： 王 老师，这 是 我 的 好 朋友 金 英美。
Wáng lǎoshī, zhè shì wǒ de hǎo péngyou Jīn Yīngměi.

金英美： 老师 好！
Lǎoshī hǎo!

王老师： 你们 好！欢迎 你们。 你 是 哪国 留学生？
Nǐmen hǎo! Huānyíng nǐmen. Nǐ shì nǎ guó liúxuéshēng?

金英美： 我 是 韩国 留学生。
Wǒ shì Hánguó liúxuéshēng.

王老师： 你 学习 什么？
Nǐ xuéxí shénme?

金英美： 我 学习 汉语。
Wǒ xuéxí Hànyǔ.

王老师： 汉语 难 吗？
Hànyǔ nán ma?

金英美： 汉字 很 难，发音 不 太 难。
Hànzì hěn nán, fāyīn bú tài nán.

王老师： 对了，你们 喝 中国 茶 吗？
Duìle, nǐmen hē Zhōngguó chá ma?

张东明, 金英美： 好！
Hǎo!

王老师： 请 吧！
Qǐng ba!

张东明, 金英美： 谢谢 老师！
Xièxie lǎoshī!

大家 好， 我 叫 金 英美。 我 是 韩国 留学生。
Dàjiā hǎo, wǒ jiào Jīn Yīngměi. Wǒ shì Hánguó liúxuéshēng.

我 每天 八 点 半 去 学校， 五 点 五十 分 回 宿舍。
Wǒ měitiān bā diǎn bàn qù xuéxiào, wǔ diǎn wǔshí fēn huí sùshè.

星期二 和 星期四 我 学习 汉语。
Xīng qī 'èr hé xīng qī sì wǒ xuéxí Hànyǔ.

1. 시간 읽는 법

중국에서 시간을 나타내는 단어는 '点' '半' '分' 등이다.

> 예 2:00   两点   liǎngdiǎn
>   10:15   十点十五分 (一刻)   shídiǎn shíwǔfēn (yíkè)
>   12:30   十二点半 (三十分)   shí'èrdiǎn bàn (sānshífēn)
>   7:45   七点四十五分 (三刻)   qīdiǎn sìshíwǔfēn (sānkè)
>   4:55   四点五十五分 (差五分五点)   sìdiǎn wǔshíwǔfēn (chà wǔfēn wǔdiǎn)

주의: 두 시는 '两点'이라고 해야 하지만, 열두시는 '十二点'이라고 해야 한다.

2. 지시대명사 '每'

'每'가 '天'、'年' 등의 명사와 연용 될 때는 그 사이에 양사를 필요로 하지 안는다.

> 예 我每天八点半去学校。
>   他每年都回中国。

3. 전치사 '给'

동작이나 행위를 받는 대상을 이끌어 내는데 사용한다.

> 예 张东明给王老师介绍金英美。
>   我给你介绍我们学校。

练习 연습

一. 发音练习 발음연습

1. 单音节朗读 단음절 읽기

biān	jiāo	duō	kōu	wēi	qiū
tián	liáo	guó	tóu	huí	yóu
yǎn	xiǎo	wǒ	shǒu	tuǐ	jiǔ
miàn	yào	huò	ròu	duì	liù

2. 声调组合 성조 조합

gōngjīn	shēngcí	fāngfǎ	jīngjì	chūqu
xuéqī	zhíyuán	píngguǒ	jiéshù	huílai
měitiān	yǎnyuán	yǒngyuǎn	nǔlì	nǎinai
shàngbān	huànqián	lìshǐ	diànhuà	gùshi

3. 多音节朗读 다음절 읽기

sùshèlóu	jiàoxuélóu	bàngōnglóu	wǔ hào lóu
jì shēngcí	dú kèwén	xué yǔfǎ	zuò liànxí
yìwǔyìshí	yìcǎoyímù	yíchàngyíhè	yìmóyíyàng

4. 课堂用语 수업 용어

Qǐng dǎ kāi shū, fāndào dì wǔ yè.	请打开书，翻到第五页。
Yǒu wèntí, qǐng wèn wǒ.	有问题，请问我。
Qǐng yùxí shēngcí.	请预习生词。
Qǐng fùxí kèwén.	请复习课文。

5. 绕口令 잰말놀이

四 是 四 , 十 是 十 ;
Sì shì sì, shí shì shí;

十四 是 十四 , 四十 是 四十 ;
Shí sì shì shí sì, sì shí shì sì shí;

十四 不 是 四十 , 四十 不 是 十四 ;
Shí sì bú shì sì shí, sì shí bú shì shí sì;

十四 , 四十 , 四十四 。
Shí sì, sì shí, sì shí sì.

二. 完成对话 대화 완성하기

A: _____?

B: 我叫金英美。

A: _____?

B: 我是韩国留学生。

A: _____?

B: 我学习汉语。

A: _____?

B: 汉字很难, _____ 。

A: 你每天几点回家?

B: _____ 。

A: 你星期几去学校?

B: _____ 。

三. 排序　문장 순서 배열

1. a 我　　　　　b 学习　　　　　c 汉语　　　　　d 每天

2. a 她　　　　　b 去学校　　　　c 三十分　　　　d 七点

3. a 我　　　　　b 韩国　　　　　c 留学生　　　　d 是

4. a 难　　　　　b 太　　　　　　c 不　　　　　　d 发音

5. a 喝　　　　　b 你们　　　　　c 中国茶　　　　d 吗

6. a 是　　　　　b 我的　　　　　c 这位　　　　　d 好朋友

四. 翻译　번역

1. 영미는 제 친한 친구입니다.

2. 당신은 유학생입니까?

3. 저는 중국어를 공부합니다.

4. 우리는 중국차를 마시겠습니다.

5. 그들은 기숙사로 돌아갑니다.

6. 한자는 매우 어렵고 발음은 그다지 어렵지 않습니다.

다음 단문을 중국어로 써보세요.

여러분 안녕하세요. 저는 ○○○(본인 이름으로) 라고 합니다. 저는 한국 ○○대학교(본인의 학교) 학생입니다. 저는 매일 아홉 시에 학교에 갑니다. 다섯 시에 집에 돌아갑니다. 저는 중국어를 배웁니다. 만나게 되어서 반갑습니다.

五. 你问我答　물음에 답하세요

1. 你是哪个大学的学生?

2. 你喝什么茶?

3. 你们都喝茶吗?

4. 你每天几点去学校?

5. 你学习什么?

6. 汉语难吗?

7. 你爸爸妈妈身体好吗?

8. 你的生日是几月几号?

한자쓰기

喝	丨 口 口 口 叩 吧 吧 吧 唱 喝 喝 喝
茶	一 艹 艹 艹 芡 苓 苓 茶 茶
对	又 又 对 对
每	丿 匕 仁 匂 每 每 每
和	一 二 千 千 禾 和 和 和
朋	丿 刀 月 月 朋 朋 朋 朋

● 중국개관

1. **면적** : 세계에서 세 번째로 국토면적이 넓은 나라인 중국의 면적은
960만㎢(평방킬로미터), 정확히는 9,597,000㎢이며 북한을 포함
한 한국의 면적은 21만9천800㎢이다. 남북한을 합친 면적으로 따
지면 중국이 약 44(43.66)배이고 남한만 따지면 약 9만9300㎢로
중국이 남한의 97(96.65)배이다. 중국은 14개 나라의 영토와 접
해있고, 8개국 영해와 접해있다. 성(省)과 행정구역은 4개 직할시
(直轄市), 23개 성(省), 5개 자치구(自治区), 2개 특별행정구역(特別区)과 수도 베이징(北京)으
로 이루어져 있다.

2. **인구** : 세계에서 가장 인구가 많은 나라인 중국의 2008년말 인구는 13.28亿으로 전 세계 인구의
20%, 아시아 인구의 33%를 차지하고 있다.

3. **민족** : 91%이상의 한족을 비롯한 55개의 소수민족으로 이루어져 있다.

4. **자연과 기후**
기후가 매우 다양하다. 지형은 대체로 서쪽이 높다. 서쪽에 있는 티베트는 세계에서 가장 높은
산과 고원지대로 이루어져 있다. 황하와 양쯔강을 비롯하여 동남아시아의 큰 강들이 모두 이곳에
서 시작된다. 베이징은 서울과 비슷하고 상하이는 제주도와 비슷하다.

5. **중국어 사용지역**
중국어의 영향범위는 중국 대륙, 홍콩특별행정구역, 마카오특별행정구역과 타이완지역이외에도
싱가포르, 말레이시아 등의 국가에도 미치고 있다.

6. **세계에서 사용인구가 가장 많은 언어**
중국어를 사용하는 사람은 대략 14억 명이다. 한족을 비롯한 중국 내 55개 소수민족과 5천만 화
교 등이 중국어를 사용하고 있다.

7. **중국어의 명칭** : 汉语, 华语, 国语
한족의 통용어는 중국 대륙에서는 보통화, 타
이완에서는 국어(国语), 싱가포르, 말레이시
아에서는 화어(华语)라고 칭한다.

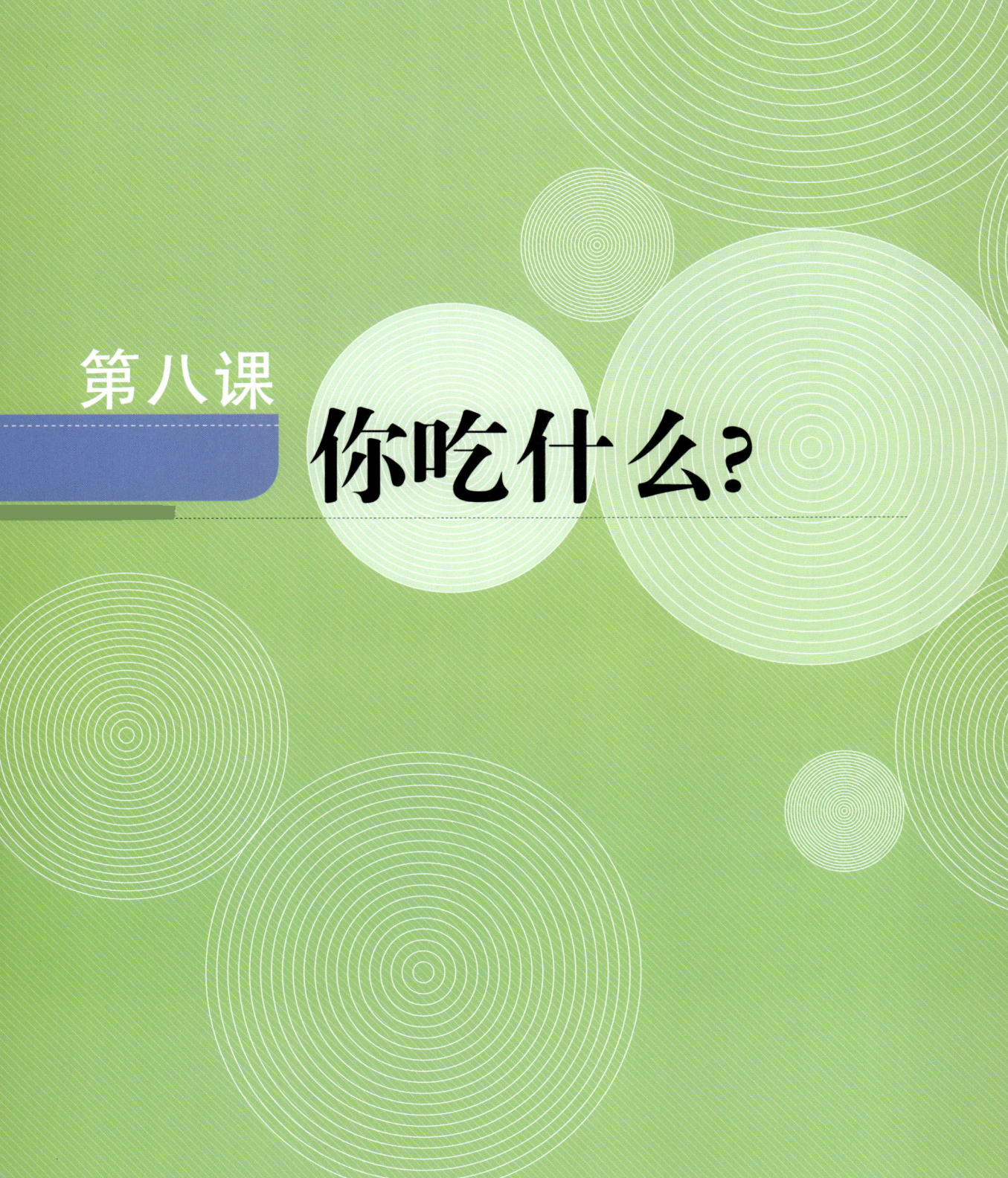

第八课

你吃什么?

▶▶ 生词 단어

中午	zhōngwǔ	몡	정오
饿	è	혱	배고프다
吃	chī	됭	먹다
饭	fàn	몡	밥, 식사
在	zài	전치	~에서
食堂	shítáng	몡	식당
要	yào	됭	원하다, 필요하다
菜	cài	몡	채소, 요리, 음식
糖醋肉	tángcùròu	몡	탕수육
主食	zhǔshí	몡	주식
来	lái	됭	오다; 음식을 주문할 때 '要'를 대신 쓸 수 있다
盘	pán	양	접시
炒饭	chǎofàn	몡	볶음밥
碗	wǎn	양	그릇, 사발
炸酱面	zhájiàngmiàn	몡	자장면
汤	tāng	몡	탕, 국
啤酒	píjiǔ	몡	맥주
一起	yìqǐ	븐	같이, 함께

（中午）
zhōngwǔ

金英美: 你 饿 不 饿？
Nǐ è bu è?

张东明: 我 很 饿。 你 呢？
Wǒ hěn è. Nǐ ne?

金英美: 我 也 很 饿。 我们 去 吃饭 吧！
Wǒ yě hěn è. Wǒmen qù chī fàn ba!

张东明: 好。
Hǎo.

（在 食堂）
zài shítáng

金英美: 你 要 什么 菜？
Nǐ yào shénme cài?

张东明: 我们 吃 糖醋肉 吧。
Wǒmen chī tángcùròu ba.

金英美: 好 吧。 你 吃 什么 主食？
Hǎo ba. Nǐ chī shénme zhǔshí?

张东明: 我 来 一 盘 炒饭。
Wǒ lái yì pán chǎofàn.

金英美: 我 来 一 碗 炸酱面。
Wǒ lái yì wǎn zhájiàngmiàn.

你 喝 什么 汤？
Nǐ hē shénme tāng?

张东明: 不 喝 汤，我们 喝 啤酒 吧。
Bù hē tāng, wǒmen hē píjiǔ ba.

中午，金英美和张东明都很饿，他们一起
Zhōngwǔ, Jīn Yīngměi hé Zhāng Dōngmíng dōu hěn è, tāmen yìqǐ
去学校食堂吃饭。金英美要一碗炸酱面，张
qù xuéxiào shítáng chī fàn. Jīn Yīngměi yào yì wǎn zhájiàngmiàn, Zhāng
东明吃一盘炒饭。他们不喝汤，喝啤酒。
Dōngmíng chī yì pán chǎofàn. Tāmen bù hē tāng, hē píjiǔ.

1. 양사 '碗', '盘'

중국어는 양사가 매우 발달되어 있어서 명사와 수사 사이에는 일반적으로 양사를 붙여야 사용할 수 있다. 각기 다른 명사에 따라 사용하는 양사도 다르다.

> 예 一碗炸酱面
> 两盘炒饭

2. '二'과 '两'

'二'과 '两'은 둘 다 '2'를 나타내지만 용법은 다르다.

'二'을 사용하는 경우:
1) 一、二、三
2) 二十、二百
3) 第二、二月、二号

'两'을 사용하는 경우:
1) 两 + 양사　　예 两个月、两位老师、两本(běn, 권)书
2) 两百、两千(qiān, 천)、两万(wàn, 만)

3. 어기조사 '吧'

어기조사 '吧'는 문장 끝에 쓰여 의논, 제의, 부탁, 동의 등을 나타낸다.

> 예 吃糖醋肉吧!
> 我们一起去吃饭吧!

4. 정반의문문

정반의문문는 서술어의 긍정 형식과 부정 형식을 나열하면 의문문을 만들 수 있으며, 이를 정반 의문문이라고 한다.

> 예 你饿不饿?
> 他去不去?

练习 연습

一. 发音练习 발음연습

1. 声调组合 성조 조합

chūzū	xīnnián	tīngxiě	chāoshì	duōshao
shíjiān	yínháng	yóulǎn	guójì	táozi
xiǎoxīn	lǚyóu	kěyǐ	tǐyàn	nǎge
qìchē	yìzhí	huòzhě	yùdìng	màozi

2. 单词朗读 단어 읽기

酸	甜	苦	辣	咸
suān	tián	kǔ	là	xián

餐巾纸	杯子	饮料	纯净水	可乐
cānjīnzhǐ	bēizi	yǐnliào	chúnjìngshuǐ	kělè

炒饭	烤鸭	煎鸡蛋	炸猪排	炖牛肉
chǎofàn	kǎoyā	jiānjīdàn	zházhūpái	dùnniúròu

3. 四字成语 사자성어 읽기

管 鲍 之 交
Guǎn Bào zhī jiāo

(관포지교)

守 株 待 兔
shǒu zhū dài tù

(나무 그루터기를 지키며 토끼를 기다리다.)

百 战 百 胜
bǎi zhàn bǎi shèng

(백전백승)

三 人 行 必 有 我 师
sān rén xíng bì yǒu wǒ shī

(세 사람이 길을 걸으면, 그 가운데에는 반드시 자신의 스승
이 될 만한 사람이 있다.)

二. 替换练习 교체연습

来	一盘糖醋肉。
	两盘菜。
	十个饺子。
	一碗泡菜汤。

弟弟	要	一碗炸酱面。
我们		两盘炒饭。
妈妈		一盘糖醋肉。
我和他		八个包子。

姐姐	喝	水。
哥哥		咖啡。
爸爸		白酒。
我和朋友们		啤酒。

补充生词 보충 단어

饺子 jiǎozi 몡 만두, 교자 | 泡菜 pàocài 몡 김치 | 包子 bāozi 몡 고기 만두, 야채 만두
水 shuǐ 몡 물 | 咖啡 kāfēi 몡 커피 | 白酒 báijiǔ 몡 중국 백주

三. 完成对话 대화 완성하기

A: 你饿不饿?

B: 我很饿。_____?

A: 我也很饿。

B: _____?

A: 我们吃糖醋肉吧。

B: _____?

A: 我来一盘饺子。

B: _____?

A: 我喝泡菜汤。

四. 排序 문장 순서 배열

1. a 你   b 主食   c 什么   d 吃

2. a 我们   b 很   c 现在   d 都   e 饿

3. a 爸爸   b 饺子   c 一   d 盘   e 吃

4. a 我   b 炸酱面   c 来   d 一   e 碗

5. a 一起   b 他们   c 学校食堂   d 去   e 吃饭

6. a 和   b 吃饭   c 我   d 妈妈   e 去

五. 翻译 번역

1. 당신 배 고파요?

2. 나도 배 고파요.

3. 우리 같이 밥 먹으로 갑시다.

4. 당신 무슨 요리 먹을 거에요?

5. 우리는 맥주를 마신다.

6. 그는 밥 한 공기를 먹습니다.

六. 你问我答 물음에 답하세요

1. 今天星期几?

2. 现在几点?

3. 你饿吗?

4. 你中午在哪儿吃饭?

5. 你要什么菜?

6. 你吃什么主食?

7. 我们喝什么汤?

8. 你喝啤酒吗?

午	ノ 一 二 午
吃	丨 口 口 吃 吃
饿	ノ ㇇ ㇇ 乍 饣 饣 饣 饿 饿 饿
糖	丶 丷 丷 半 半 米 米 籵 籵 籵 粐 粐 糖 糖 糖
醋	一 厂 万 丙 西 西 酉 酉 酐 酐 醋 醋 醋 醋
啤	丨 口 口 口 口 口 吅 吅 唡 啤 啤

● 중국 음식

　중국 요리는 요리조리법에 따라 많은 유파가 있다. 그 중 가장 영향력 있고 또 사회에서 인정을 받은 대표적인 요리로는 산동, 사천, 광동, 복건, 강소, 절강, 후난, 안후이성 등 여덟 지역 요리를 말한다.

　다음과 같은 특징으로 요약된다 :

　첫째, 다양한 맛, 중국에는 예전부터 '남방에는 쌀, 북방에는 밀가루'라는 말이 있었다. 여러 지방의 음식의 맛을 포괄적으로 얘기 한다면 '남쪽은 달고 북쪽은 짜고 동쪽은 시고 서쪽은 맵다'라고 평가할 수 있다.

　둘째, 사계절이 다르다. 일 년 사계절 요리는 계절에 따라 다르다. 이것은 중국 요리의 또 다른 주요 특징이다.

　셋째, 미적인 감각을 중시 한다. 중국 요리 조리법은 기술만 훌륭한 것이 아니라 음식 색상, 냄새, 맛, 모양, 그릇까지 조화이루는 것을 중요시 한다. 음식에 대한 미적 감각은 여러 방면에서 표현된다.

　넷째, 정취를 중시한다. 중국 요리는 오래 전부터 맛과 정취를 중시한다. 음식의 색깔, 냄새, 맛에만 엄격한 요구 사항이 있을 뿐만 아니라, 음식 이름 짓는 것도 중시하여 주로 역사 이야기, 신화와 전설, 유명한 사람, 음식 취향, 음식의 이미지 등을 바탕으로 요리 이름을 짓는다. 예를 들면 '全家福(온 가족의 행복)', '狮子头(사자 머리)', '叫化鸡(거지 닭)', '东坡肉(동파고기, 苏东坡: 중국 북송의 유명한 시인)' 등이 있다.

　다섯째, 식품과 의학의 조합을 중시한다. 중국 요리 기술은 의료보건과 밀접한 관계를 가지고 있다. 몇 천 년 전부터 벌써 '의학과 식품은 동본이다', '약과 음식은 동일한 효과가 있다'라는 말이 있다. 즉 이것은 식품 원료의 약용 가치를 사용하여 다양한 맛있는 음식을 만들어 질병 예방과 치료의 목적에 도달하기 위함인 것이다.

第九课

你家有几口人?

▶▶ 生词 단어

有	yǒu	통 있다
没有	méiyǒu	통 없다
口	kǒu	양 명(식구 수를 세는 양사)
做	zuò	통 하다, 만들다
工作	gōngzuò	통 일하다 명 직업, 일
医生	yīshēng	명 의사
医院	yīyuàn	명 병원
公务员	gōngwùyuán	명 공무원
职员	zhíyuán	명 직원
公司	gōngsī	명 회사
家庭主妇	jiātíng zhǔfù	명 가정주부
邮局	yóujú	명 우체국
学生	xuésheng	명 학생
专业	zhuānyè	명 전공
设计	shèjì	명 설계, 디자인 통 설계하다, 디자인하다

▶▶ 专有名词 고유명사

北京大学	Běijīng Dàxué	북경대학교
清华大学	Qīnghuá Dàxué	청화대학교

张东明: 你 家 有 几 口 人?
Nǐ jiā yǒu jǐ kǒu rén?

金英美: 我 家 有 四 口 人。
Wǒ jiā yǒu sì kǒu rén.

张东明: 都 有 什么 人?
Dōu yǒu shénme rén?

金英美: 爸爸、 妈妈、 姐姐 和 我。
Bàba、 māma、 jiějie hé wǒ.

张东明: 你 爸爸 做 什么 工作?
Nǐ bàba zuò shénme gōngzuò?

金英美: 我 爸爸 是 医生, 他 在 医院 工作。
Wǒ bàba shì yīshēng, tā zài yīyuàn gōngzuò.

张东明: 你 妈妈 呢?
Nǐ māma ne?

金英美: 我 妈妈 是 老师, 她 在 学校 工作。
Wǒ māma shì lǎoshī, tā zài xuéxiào gōngzuò.

张东明: 我 妈妈 也 是 老师。 你 姐姐 也 工作 吗?
Wǒ māma yě shì lǎoshī. Nǐ jiějie yě gōngzuò ma?

金英美: 她 是 公务员。
Tā shì gōngwùyuán.

我 家 有 五 口 人，爸爸、妈妈、哥哥、妹妹
Wǒ jiā yǒu wǔ kǒu rén, bàba、 māma、 gēge、 mèimei

和 我。我 爸爸 是 职员，在 公司 工作。我 妈妈
hé wǒ. Wǒ bàba shì zhíyuán, zài gōngsī gōngzuò. Wǒ māma

不 工作，是 家庭 主妇。我 哥哥 在 邮局 工作，妹妹
bù gōngzuò, shì jiātíng zhǔfù. Wǒ gēge zài yóujú gōngzuò, mèimei

是 北京 大学 的 留学生。我 也 是 学生，专业 是
shì Běijīng Dàxué de liúxuéshēng. Wǒ yě shì xuésheng, zhuānyè shì

设计。
shèjì.

1. '有' 자문

동사 '有'와 그 목적어가 술어가 된 문장을 '有'자문이라고 한다. '有'의 부정형은 '不'를 사용하지 않고, '有'앞에 '没'를 사용하면 된다.

> 예 你家有几口人?
> 我没有妹妹。

2. '也'와 '都'

'也'와 '都'는 모두 부사로 술어동사나 형용사의 앞에 놓인다.
'也'와 '都'가 동시에 술어를 수식하는 경우에는 '也'는 반드시 '都'의 앞에 놓여야 한다.

> 예 你家都有什么人?
> 我爸爸和妈妈也都是医生。

3. 전치사 '在'

전치사 '在'는 장소를 나타내는 목적어와 함께 술어동사 앞에 놓여 부사어로 쓰인다.

> 예 我在医院工作。
> 他在北京大学学习。

一. 发音练习　발음연습

1. 声调组合　성조 조합

gāozhōng	huāyuán	gōngchǎng	shuōhuà	yīfu
hángbān	quánchéng	háiyǒu	ránhòu	piányi
shǒujī	jiǎnchá	zǎodiǎn	yǒuyì	zǎoshang
rìqī	dàodá	dìzhǐ	kànjiàn	dìfang

2. 单词朗读　단어 읽기

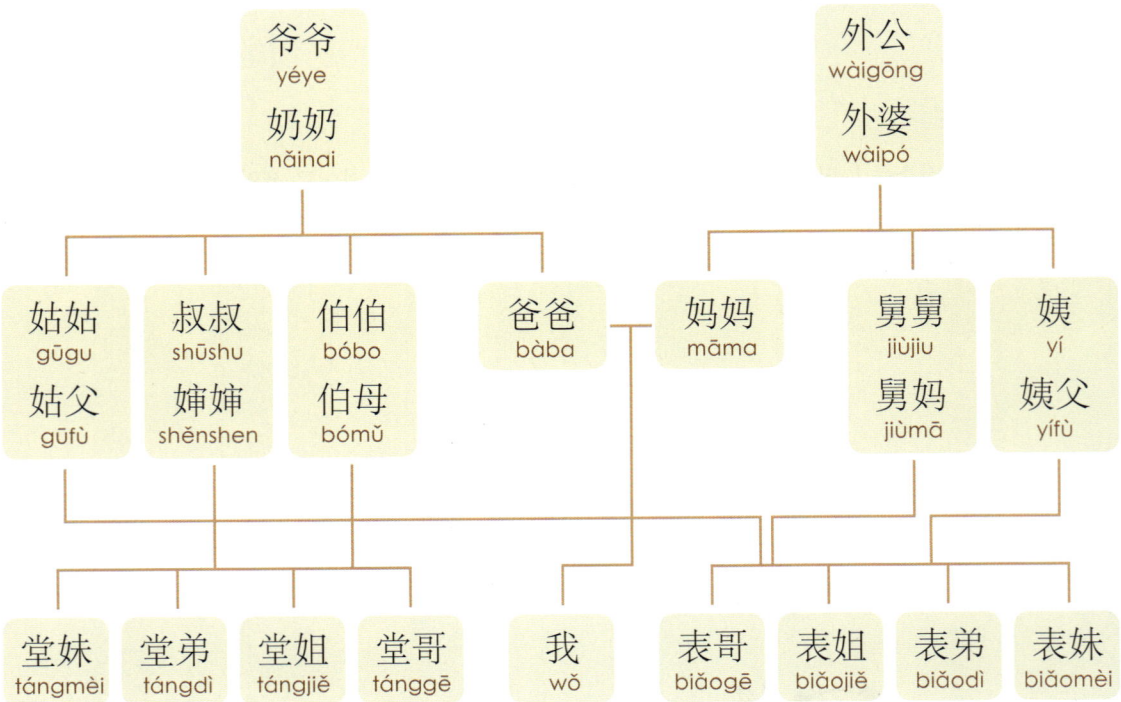

3. 四字成语 사자성어 읽기

三 顾 茅 庐
sān gù máo lú
(삼고초려. 세 번이나 찾아가다.)

狐 假 虎 威
hú jiǎ hǔ wēi
(호가호위. 여우가 호랑이의 위세를 빌리다.)

孟 母 三 迁
Mèng mǔ sān qiān
(맹모삼천)

塞 翁 失 马, 焉 知 非 福
sài wēng shī mǎ, yān zhī fēi fú
(나쁜 일이 마냥 나쁜 일만은 아니라, 경우에 따라서는 전화위복
이 될 수 있다.)

二. 替换练习 교체연습

她 弟弟和妹妹 爸爸和妈妈	在	书店。 学校。 家。

我姐姐 我和哥哥 老师和学生	在	公司工作。 图书馆学习。 教室上课。

你家 你 英美家 我	有	几口人? 电子词典吗? 三口人。 一个哥哥和一个妹妹。

补充生词 보충 단어

教室 jiàoshì 명 교실
上课 shàngkè 동 수업하다

三. 完成对话　대화 완성하기

A: ＿＿＿＿＿＿＿＿＿？

B: 我家有三口人。

A: ＿＿＿＿＿＿＿＿＿？

B: 爸爸、妈妈和我。

A: 你妈妈工作吗?

B: ＿＿＿＿＿＿＿＿。

A: 你爸爸做什么工作?

B: ＿＿＿＿＿＿＿＿。

A: 你呢?

B: ＿＿＿＿＿＿＿＿。

A: 你的专业是什么?

B: ＿＿＿＿＿＿＿＿。

四. 排序　문장 순서 배열

1. a 你家　　　b 有　　　　c 口　　　　d 人　　　　e 几

2. a 我　　　　b 手机　　　c 没　　　　d 弟弟　　　e 有

3. a 也　　　　b 我　　　　c 是　　　　d 老师　　　e 妈妈

4. a 专业　　　b 我　　　　c 是　　　　d 设计　　　e 的

5. a 爸爸　　　b 我　　　　c 医院　　　d 工作　　　e 在

6. a 是　　　　b 也　　　　c 我　　　　d 北大的　　e 留学生

五. 翻译 번역

1. 영미 집에는 식구가 몇 명 있나요?

2. 집안 식구는 누구 누구 있어요?

3. 당신은 무슨 일에 종사합니까?

4. 저의 아빠 엄마는 모두 병원에서 일합니다.

5. 저의 언니/누나는 가정주부입니다.

6. 저의 남동생은 우체국 직원입니다.

7. 저의 전공은 디자인입니다.

8. 학생들은 학교에서 중국어를 공부합니다.

六. 你问我答 물음에 답하세요

1. 你家有几口人?

2. 都有什么人?

3. 你爸爸做什么工作?

4. 你妈妈在哪儿工作?

5. 你有弟弟妹妹吗?

6. 你姐姐/哥哥做什么工作?

7. 你是大学生吗?

8. 你的专业是什么?

没	丶 冫 氵 氵 沪 汐 没
有	一 ナ オ 冇 有 有
做	丿 亻 仁 什 什 估 估 做 做 做
医	一 ア ズ 三 至 医
员	丨 冂 卩 尸 吊 员 员
专	一 二 专 专

● **직업**

警察
jǐngchá

司机
sījī

护士
hùshi

服务员
fúwùyuán

校长
xiàozhǎng

教授
jiàoshòu

律师
lǜshī

记者
jìzhě

经理
jīnglǐ

工程师
gōngchéngshī

会计师
kuàijìshī

设计师
shèjìshī

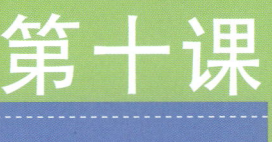

第十课

你的电话号码
是多少?

住	zhù	통 거주하다, 살다
第	dì	접 제, 서수에서 사용함
号	hào	명 번, 번호
楼	lóu	명 건물, 빌딩, 층
房间	fángjiān	명 방
号码	hàomǎ	명 번호
多少	duōshao	대 얼마, 몇(수량을 물을 때 쓰임)
多	duō	형 많다
少	shǎo	형 적다
电话	diànhuà	명 전화
用	yòng	통 쓰다, 사용하다
邮件	yóujiàn	명 우편물
地址	dìzhǐ	명 주소
写	xiě	통 글씨를 쓰다
信	xìn	명 편지
附近	fùjìn	명 부근, 근처
公寓	gōngyù	명 아파트
旁边	pángbiān	명 옆
零	líng	수 영, 숫자 '0'

张东明: 你 住 哪儿？
Nǐ zhù nǎr?

金英美: 我 住 学校 宿舍。
Wǒ zhù xuéxiào sùshè.

张东明: 你 住 第 几 号 楼？
Nǐ zhù dì jǐ hào lóu?

金英美: 我 住 第 二 号 楼。
Wǒ zhù dì èr hào lóu.

张东明: 你 的 房间 号码 是 多少？
Nǐ de fángjiān hàomǎ shì duōshao?

金英美: 我 的 房间 号码 是 ２０６。
Wǒ de fángjiān hàomǎ shì èr líng liù.

张东明: 你 的 电话 号码 是 多少？
Nǐ de diànhuà hàomǎ shì duōshao?

金英美: 我 的 电话 号码 是 ０２-９８７６-５４３１。
Wǒ de diànhuà hàomǎ shì líng èr jiǔ bā qī liù wǔ sì sān yāo.

张东明: 你 用 电子 邮件 吗？
Nǐ yòng diànzǐ yóujiàn ma?

金英美: 用。 这 是 我 的 电子 邮件 地址。
Yòng。 Zhè shì wǒ de diànzǐ yóujiàn dìzhǐ.

张东明: 我 给 你 写 信。
Wǒ gěi nǐ xiě xìn.

金英美: 好！
Hǎo!

我 住 学校 附近 的 一 个 公寓。我 住 第六 号
Wǒ zhù xuéxiào fùjìn de yí ge gōngyù. Wǒ zhù dì liù hào

楼，房间 号码 是 8 1 8。金 英美 住 我 的 旁边。
lóu, fángjiān hàomǎ shì bā yāo bā. Jīn Yīngměi zhù wǒ de pángbiān.

我 的 手机 号码 是 0 1 0 - 5 1 6 9 - 6 4 3 2。
Wǒ de shǒujī hàomǎ shì líng yāo líng - wǔ yāo liù jiǔ - liù sì sān èr.

我 的 电子 邮件 地址 是 haohaoxuexi@hanyu.
Wǒ de diàn zǐ yóujiàn dìzhǐ shì haohaoxuexi @ hanyu.

c o m。
com.

Tip: '@'는 중국어에서 종종 '小老鼠 (xiǎolǎoshǔ) (작은 쥐)' 혹은 '圈儿 a (quānr) (동그라미a)'로 말합니다.
'.'는 'diǎn (点, 점)'로 말합니다.

经理: 张三

语言点注释 어법 설명

1. '一'의 발음변화

숫자 '一'는 원래 제1성이지만 '一' 뒤의 음절이 1성, 2성, 3성일 경우에는 4성으로 발음하고 뒤의 음절이 4성일 경우에는 성조가 제2성으로 변하여 발음된다.
단 전화번호 또는 기타번호를 읽을 때 흔히 '一'는 yāo로 읽는다.

> **예** 一天、一年、一点、一位

2. '几'와 '多少'

'几'는 주로 10이하의 작은 수를 물을 때 사용하며, 일반적으로 양사가 동반한다.
'多少'는 양사를 꼭 필요 하지 않는다.

> **예** 你家有几口人?
> 你们学校有多少(个)学生?

3. 서수

서수는 순서를 나타내는 수사이다. 수사 앞에 접두사 '第'를 붙여 사용 한다.

> **예** 第一、第二

수사 뒤에 양사가 더해질 때도 있다.

> **예** 第二号楼、第一天

一. 发音练习　발음연습

1. 声调组合　성조 조합

shūbāo	kēxué	tōulǎn	yīyuàn	guānxi
píbāo	qípáo	méiyǒu	zázhì	qúnzi
hǎochī	qǐchuáng	kǒuyǔ	mǎshàng	zěnme
càidān	xìngfú	zìjǐ	fùjìn	yàoshi

2. 单词朗读　단어 읽기

学生证
xué shēng zhèng

身份证
shēn fèn zhèng

电话卡
diàn huà kǎ

信用卡
xìn yòng kǎ

发传真
fā chuán zhēn

发短信
fā duǎn xìn

寄 信
jì　xìn

发电子邮件
fā　diànzǐ yóu jiàn

公用电话
gōngyòng diànhuà

市内电话
shìnèi diàn huà

国际电话
guó jì diàn huà

国内电话
guónèi diànhuà

3. 四字成语　사자성어 읽기

有 备 无 患
yǒu bèi wú huàn
(유비무환)

不 惑 之 年
bú huò zhī nián
(불혹의 나이. 마흔 살.)

鹬 蚌 相 争
yù bàng xiāng zhēng
(도요새와 조개가 서로 싸우다 둘 다
어부에게 잡히다.)

一 寸 光 阴 一 寸 金
yí cùn guāng yīn yí cùn jīn
(시간은 금이다.)

二. 替换练习　교체연습

你的电话号码	
你妹妹的手机号码	是多少?
你朋友的房间号码	

金英美		010-3509-7634。
张东明	的手机号码是	136-8301-8976。
王老师		159-0433-7650。

我		公寓。
她		家里。
我姐姐	住	学校宿舍。
我朋友		学校附近。
张老师		首尔。
金英美		釜山。

补充生词 보충 단어

里 lǐ 명 안, 속
首尔 Shǒu'ěr 서울
釜山 Fǔshān 부산

三. 完成对话 대화 완성하기

A: _____?

B: 我住学校宿舍。

A: _____?

B: 我住第二号楼。

A: _____?

B: 我的房间号码是206。

A: _____?

B: 我的电话号码是02-9876-5431。

A: _____?

B: 用。我的电子邮件地址是haohaoxuexi@hanyu.com。

四. 排序 문장 순서 배열

1. a 我　　　　b 用　　　　　c 不　　　　　　d 电子邮件
2. a 在　　　　b 你们　　　　c 学校　　　　　d 哪儿
3. a 我　　　　b 学校附近　　c 一个公寓　　　d 的　　　　e 住
4. a 英美　　　b 我　　　　　c 旁边　　　　　d 住　　　　e 的
5. a 你　　　　b 电话号码　　c 多少　　　　　d 的　　　　e 是
6. a 宿舍　　　b 图书馆　　　c 旁边　　　　　d 在　　　　e 不

五. 翻译 번역

1. 당신은 어디에 삽니까?
2. 당신은 몇 동에 삽니까?
3. 당신의 방 번호는 몇 번입니까?
4. 당신의 전화번호는 몇 번입니까?
5. 저는 학교 기숙사에 삽니다.
6. 도서관은 아파트 옆에 있습니다.
7. 그는 전자메일을 사용합니다.
8. 언니/누나의 친구는 저의 집 옆에 삽니다.

六. 你问我答 물음에 답하세요

1. 你是留学生吗?
2. 我住宿舍。你住哪儿?
3. 你住第几号楼?

4. 你的房间号码是多少?

5. 你的电话号码是多少?

6. 你用电子邮件吗?

7. 你的电子邮件地址是什么?

8. 现在谁在你的旁边?

한자쓰기

住	ノ イ イ' 亻' 亻' 住 住				
第	ノ ヶ ゲ ゲ ゲ 竺 竺 芦 芦 第 第				
旁	、 宀 宀 亠 产 产 芐 旁 旁				
寓	、 宀 宀 宀 宀 宀 官 宀 寓 寓 寓				
楼	一 十 才 才 术 术 杓 杙 杙 栏 楼 楼 楼				
零	一 厂 厂 帀 帀 雫 雫 雫 雪 寧 霙 零 零				

● 사무실 용품

笔记本电脑
bǐjìběn diànnǎo

台式电脑
táishì diànnǎo

外置硬盘
wàizhì yìngpán

键盘
jiànpán

鼠标
shǔbiāo

U盘
Upán

耳机
ěrjī

扬声器
yángshēngqì

打印机
dǎyìnjī

复印机
fùyìnjī

扫描仪
sǎomiáoyí

摄像头
shèxiàngtóu

我去银行换钱

▶▶ 生词 单어

银行	yínháng	명 은행
小姐	xiǎojiě	명 아가씨, 여성에 대한 호칭
要	yào	능동 ~하려고 하다
换	huàn	동 바꾸다, 교환하다
钱	qián	명 돈
到	dào	동 ~로 가다, 도착하다
窗口	chuāngkǒu	명 창구
先生	xiānsheng	명 선생, 남성에 대한 호칭
人民币	rénmínbì	명 인민폐
韩币	hánbì	명 한국 화폐
美元	měiyuán	명 달러
汇率	huìlǜ	명 환율
百	bǎi	수 백
千	qiān	수 천
万	wàn	수 만
块	kuài (元 yuán)	양 돈의 단위
毛	máo (角 jiǎo)	양 돈의 단위
等	děng	동 기다리다
一会儿	yíhuìr	명 부 잠시, 잠깐
数	shǔ	동 세다
对	duì	형 맞다, 옳다
了	le	조 동사 뒤에 쓰여 동작의 완료 또는 변화를 표시하는 조사
给	gěi	동 주다

▶▶ 专有名词 고유명사

中国银行 Zhōngguó Yínháng　　중국은행

(在 中国 银行)
zài Zhōngguó Yínháng

金英美: 小姐, 我 要 换钱。
Xiǎojiě, wǒ yào huànqián.

职员1: 换钱 请 到 六 号 窗口。
Huànqián qǐng dào liù hào chuāngkǒu.

(在 窗口)
zài chuāngkǒu

金英美: 先生, 我 要 换钱。
Xiānsheng, wǒ yào huànqián.

职员2: 您 要 换 什么 钱?
Nín yào huàn shénme qián?

金英美: 我 要 换 人民币。今天 的 汇率 是 多少?
Wǒ yào huàn rénmínbì. Jīntiān de huìlǜ shì duōshao?

职员2: 一万 韩币 换 六十块。您 换 多少?
Yíwàn hánbì huàn liùshí kuài. Nín huàn duōshao?

金英美: 我 换 一百万 韩币。
Wǒ huàn yìbǎiwàn hánbì.

职员2: 请 等 一会儿。
Qǐng děng yíhuìr.

……这 是 您 的 钱, 请 数数。
…… Zhè shì nín de qián, qǐng shǔshu.

金英美: 对了。谢谢! 再见!
Duì le. Xièxie! Zàijiàn!

职员2: 再见!
Zàijiàn!

金 英美 去 中国 银行 换钱。她 要 换 人民币。
Jīn Yīngměi qù Zhōngguó Yínháng huànqián. Tā yào huàn rén mín bì.

今天 的 汇率 是 一万 韩币 换六十块人民币。她 换
Jīntiān de huìlǜ shì yíwàn hánbì huàn liù shí kuài rén mín bì. Tā huàn

一百万 韩币 的 人民币。银行 职员 给 金英美 六千
yìbǎiwàn hánbì de rén mín bì. Yínháng zhíyuán gěi Jīn Yīngměi liùqiān

块。
kuài.

1. 연동문

중국어에는 두 개 또는 그 이상의 동사 및 동사구가 하나의 문장 안에 동일한 주어에 연결한 문장은 연동문이라고 한다.

> 예 我去银行换钱。
> 　 我去食堂吃饭。

2. 동사중첩

중국어의 일부 동사는 중첩하여 사용 할 수 있다. 동사의 중첩은 동작의 짧은 시간과 시도의 의미를 나타낸다. 단음절 동사를 중첩할 때에는 '一'를 넣어줄 수 있다.

> 예 '数数'와 '数一数'는 의미가 같다.

3. 능원동사 '要'

능원동사 '要'는 동사나 형용사앞에 놓여 소망 혹은 가능을 나타낸다.

> 예 我要换钱。
> 　 她要去学校。

一. 发音练习 발음연습

1. 声调组合 성조 조합

xīngqī	jiārén	yōujiǔ	huīsè	dōngbian
línjū	píxié	niúnǎi	yíyàng	páizi
pǔtōng	yǒumíng	liǎojiě	zuǒyòu	zuǒbian
xiàtiān	tòumíng	zuìhǎo	gòuwù	yàngzi

2. 单词朗读 단어 읽기

火车站
huǒ chē zhàn

汽车站
qì chē zhàn

地铁站
dì tiě zhàn

飞机场
fēi jī chǎng

自行车
zì xíng chē

私家车
sī jiā chē

出租车
chū zū chē

公共汽车
gōnggòng qì chē

体育馆
tǐ yù guǎn

大礼堂
dà lǐ táng

运动场
yùn dòng chǎng

学生会馆
xué shēng huì guǎn

3. 四字成语 사자성어 읽기

刻 舟 求 剑
kè zhōu qiú jiàn
(각주구검)

卧 薪 尝 胆
wò xīn cháng dǎn
(와신상담)

一 举 两 得
yì jǔ liǎng dé
(일거양득)

不 入 虎 穴, 焉 得 虎 子
bú rù hǔ xué yān dé hǔ zǐ
(호랑이 굴에 들어가지 않고, 어찌 호랑이 새끼를 잡을 수 있으랴?)

二. 替换练习 교체연습

爸爸		去医院。
他妹妹	要	学习汉语。
我姐姐		喝咖啡。
张老师		回家。

她		去食堂吃饭。
妈妈	要	去银行换钱。
姐姐		去首尔见朋友。
学生们		去图书馆看书。

我		2000美元的人民币。
他	换	1000万韩币的欧元。
李小姐		100万韩币的美元。
王先生		20万日元的韩币。

补充生词 보충 단어

欧元 ōuyuán 명 유로화
日元 rìyuán 명 엔화
看 kàn 동 보다

A: 先生，我要换钱。

B: _____？

A: 我换人民币。_____？

B: 今天的汇率是一万韩币换六十块。_____？

A: 我换一百万韩币的人民币。

B: _____。这是您的钱，六千元人民币。

_____。

A: 对了。谢谢！再见！

四. 排序　문장 순서 배열

1. a 换　　　b 一万韩币　　　c 人民币　　　d 六十元

2. a 汇率　　　b 的　　　c 今天　　　d 多少　　　e 是

3. a 这　　　b 钱　　　c 您　　　d 是　　　e 的

4. a 去　　　b 换钱　　　c 要　　　d 我　　　e 银行

5. a 给　　　b 银行职员　　　c 英美　　　d 人民币　　　e 六千元

6. a 日元　　　b 我　　　c 的　　　d 换　　　e 五百美元

五. 翻译　번역

1. 저는 이천원 인민폐를 바꾸려고 합니다.

2. 친구와 나는 식당에 가서 밥을 먹으려고 합니다.

3. 그는 북경대학교에 가서 유학하려고 합니다.

4. 형은 학교 도서관에 갈려고 합니다.

5. 잠깐 기다리세요.

6. 오늘의 환율은 얼마입니까?

7. 맞습니다! 감사합니다.

8. 세어 보십시오.

六. 你问我答　물음에 답하세요

1. 请问，在哪个窗口换钱?

2. 先生，您要换什么钱?

3. 今天的汇率是多少?

4. 您换多少韩币的人民币?

5. 金英美去哪儿换钱?

6. 您贵姓?

7. 您做什么工作?

8. 您住哪儿?

银	ノ ト ト ヒ 钅 钅 钔 钔 钨 银 银
换	一 十 扌 扩 护 护 捔 换 换
钱	ノ ト ト ヒ 钅 钅 钅 钱 钱 钱
等	ノ ト ト ゲ 竹 竹 竺 笁 等 等
币	一 丆 币 币
万	一 丆 万

● 중국돈

　중화인민공화국의 공식적인 화폐는 '런민삐(人民币)'이다. 중국인민은행은 국가 관리 런민삐 주관기관이고, 런민삐의 디자인과 제작 및 발행을 책임지고 있다. 런민삐의 단위는 '위안(元)'이고, 보조통화의 단위는 '지아오(角)', '펀(分)'이다. 1위안은 10지아오, 1지아오는 10펀이다. 중화인민공화국이 스스로 화폐를 발행한 역사는 50년이 넘는다. 경제가 지속적으로 발전하고 인민들의 생활수준도 높아짐에 따라 점차 완벽하고 높은 수준의 화폐가 필요했기 때문에 지금까지 '5세트'의 런민삐가 발행되었다. 화폐는 지폐와 동전으로 이루어져 있고, 보통기념주화와 귀금속기념주화 등 다양한 품종, 다양한 시리즈의 화폐종류가 있다. 1, 2, 5펀 세가지 종류의 동전 외에 제1세트와 제 2세트 그리고 제 3세트의 런민삐는 이미 유통되지 않고 있고, 최근 유통되고 있는 런민삐는 중국인민은행이 1987년부터 발행한 '제4세트'와 1999년 발행한 제 5세트 런민삐 두 종류이다.

　화폐단위 : 元(구어로는 块라고한다).
　1元=171원(2010년 12월 기준) 그 외에 角(毛)分 등의 하위 화폐가 있다.
　1元=10角
　1角=10分

您要买什么？

➡️ 生词 단어

水果	shuǐguǒ	몡 과일
店	diàn	몡 상점, 가게
老板	lǎobǎn	몡 사장님
买	mǎi	동 사다
梨	lí	몡 배
苹果	píngguǒ	몡 사과
好吃	hǎochī	혱 맛있다
又……又……	yòu … yòu…	한편(두 개 상황 동시에 존재함)
甜	tián	혱 달다
斤	jīn	양 근(무게단위)
贵	guì	혱 비싸다
便宜	piányi	혱 싸다
一点儿	yìdiǎnr	수량 약간, 조금
还	hái	부 또, 아직도
别的	biéde	대 다른 것
一共	yígòng	부 모두, 합하여
找	zhǎo	동 거슬러 주다
再	zài	부 다시
觉得	juéde	동 ~라고 느끼다
说	shuō	동 말하다

(在 水果 店)
zài shuǐguǒ diàn

老 板: 您 要 买 什么?
Nín yào mǎi shénme?

金英美: 我 要 买 梨。
Wǒ yào mǎi lí.

老 板: 这 个 梨 很 好吃, 又 大 又 甜。
Zhè ge lí hěn hǎochī, yòu dà yòu tián.

金英美: 梨 一 斤 多少 钱?
Lí yì jīn duōshao qián?

老 板: 四 块 六。
Sì kuài liù.

金英美: 四 块 六? 太 贵 了!
Sì kuài liù? Tài guì le!

便宜 一点儿 吧。
Piányi yìdiǎnr ba.

老 板: 您 还 买 别的 吗?
Nín hái mǎi biéde ma?

金英美: 苹果 多少 钱 一 斤?
Píngguǒ duōshao qián yì jīn?

老 板: 三 块 五。
Sān kuài wǔ.

金英美: 我 买 两 斤 梨, 三 斤 苹果, 一共 多少 钱?
Wǒ mǎi liǎng jīn lí, sān jīn píngguǒ, yígòng duōshao qián?

老 板: 一共 十九 块 七 毛, 您 给 十九 块 吧。
Yígòng shíjiǔ kuài qī máo, nín gěi shí jiǔ kuài ba.

金英美: 老板, 这 是 一百。
Lǎobǎn, zhè shì yì bǎi.

老 板: 找 您 八 十 一 块。 欢 迎 再 来!
Zhǎo nín bā shí yī kuài. Huān yíng zài lái!

金 英 美 去 水 果 店 买 水 果。梨 一 斤 四 块
Jīn Yīngměi qù shuǐguǒ diàn mǎi shuǐguǒ. Lí yì jīn sì kuài

六，她 觉 得 太 贵 了。她 还 要 买 别 的 水 果，苹 果
liù, tā juéde tài guì le. Tā hái yào mǎi bié de shuǐ guǒ, píngguǒ

三 块 五 一 斤。她 买 两 斤 梨 和 三 斤 苹 果，一
sān kuài wǔ yì jīn. Tā mǎi liǎng jīn lí hé sān jīn píngguǒ, yí

共 十 九 块 七。老 板 说："您 给 十 九 块 吧。"她 给
gòng shí jiǔ kuài qī. Lǎobǎn shuō Nín gěi shíjiǔ kuài ba. Tā gěi

老 板 一 百，老 板 找 她 八 十 一 块。
lǎobǎn yìbǎi, lǎobǎn zhǎo tā bā shí yī kuài.

1. 太……了

감탄을 나타내거나 주관적인 견해를 강조할 때 '太……了'를 쓴다.

> 예 太贵了!
> 太好了!

2. 又……又……

병렬관계 부분에서는 형용사나 동사를 사용한다. 여러 상황과 성질, 동작 등이 동시에 존재하는 것을 나타낸다.

> 예 梨又大又甜。
> 他们在宿舍又吃又喝。

3. 부사 '还'

동작이나 상태가 지속되어 변하지 않는다는 것을 나타낸다. 또한, '역시', '그리고', '또' 등의 뜻을 나타낸다.

> 예 您还买别的吗?
> 今天我还吃炸酱面。

练习 연습

一. 发音练习 발음연습

1. 声调组合 성조 조합

yīshēng	shēnghuó	bāoguǒ	kōngqì	shūfu
qiánbāo	xuéxí	héshuǐ	liánxì	péngyou
dǔchē	xiǎoshí	kǒukě	yǎnjìng	yǎnjing
xiàbān	tèbié	shìchǎng	zhèngzài	tàiyang

2. 单词朗读 단어 읽기

鼠	牛	虎	兔	龙	蛇
shǔ	niú	hǔ	tù	lóng	shé

马	羊	猴	鸡	狗	猪
mǎ	yáng	hóu	jī	gǒu	zhū

旗袍	唐装	韩服	西服	和服
qí páo	táng zhuāng	hán fú	xī fú	hé fú

食品	日用品	化妆品	工艺品	保健品
shí pǐn	rì yòng pǐn	huà zhuāng pǐn	gōng yì pǐn	bǎo jiàn pǐn

136 第十二课

3. 四字成语 사자성어 읽기

四 面 楚 歌
sì miàn chǔ gē
(사면초가)

愚 公 移 山
Yú gōng yí shān
(우공이 산을 옮기다)

得 意 洋 洋
dé yì yáng yáng
(득의양양)

千 里 之 行, 始 于 足 下
qiān lǐ zhī xíng shǐ yú zú xià
(천 리 길도 한 걸음부터 시작한다)

二. 替换练习 교체연습

老师		学生	作业。
英美	给	朋友	咖啡。
老师		东明	汉语书。
银行职员		李先生	钱。

香蕉		多少钱?
橘子	一斤	两块三。
草莓		五块五。
西瓜		八毛。

妹妹		作业很多。
老师	觉得	橘子太贵了。
英美		咖啡不好喝。
哥哥		中国菜很好吃。

补充生词 보충 단어

香蕉 xiāngjiāo 명 바나나
橘子 júzi 명 귤
草莓 cǎoméi 명 딸기
西瓜 xīguā 명 수박

三. 完成对话 대화 완성하기

A: _____?

B: 我要买梨。_____?

A: 梨一斤四块六。

B: 四块六, 太贵了。_____。

A: 那，好吧。四块五吧。_____?

B: 我买三斤。

A: _____?

B: 不买了。_____?

A: 一共十三块五。

B: 老板，_____。

A: _____。欢迎再来!

B: 谢谢老板。

四. 排序 문장 순서 배열

1. a 梨   b 又   c 又   d 大   e 甜

2. a 要   b 点儿   c 水果   d 我   e 买

3. a 还   b 你   c 吗   d 别的   e 买

4. a 他   b 老板   c 二十   d 找   e 块

5. a 买   b 他   c 苹果   d 去   e 水果店

6. a 他   b 草莓   c 很   d 觉得   e 贵

五. 翻译 번역

1. 사과 한 근에 얼마입니까?

2. 한국의 배는 크고 답니다.

3. 다른 것이 더 필요합니까?

4. 이십 칠 원을 거슬러 드립니다.

5. 바나나 두 근에 모두 십오원입니다.

6. 너무 비싸요. 좀 깎아 주세요.

7. 또 오세요!

六. 你问我答　물음에 답하세요

1. 我去水果店，你去不去?

2. 请问，水果店在哪儿?

3. 小姐，您要买什么?

4. 香蕉一斤多少钱?

5. 您还买别的吗?

6. 这个橘子好吃吗?

7. 苹果和梨一共多少钱?

8. 你觉得现在水果贵不贵?

店	、亠广广庐庐店店	
买	一一一一买买	
甜	一二千千舌舌舌甜甜甜甜	
觉	、丶丷丷严学学觉觉	
水	亅刀水水	
果	一冂冂日旦甲果果	

水果

草 莓
cǎo méi

香 瓜
xiāng guā

西 瓜
xī guā

葡 萄
pú tao

梨
lí

柿 子
shì zi

橙 子
chéng zi

桃 子
táo zi

香 蕉
xiāng jiāo

菠 萝
bō luó

哈 密 瓜
hā mì guā

橘 子
jú zi

你的爱好是什么?

爱好	àihào	몡 취미
喜欢	xǐhuan	통 좋아하다
唱歌	chànggē	통 노래를 부르다
上网	shàngwǎng	통 인터넷을 하다, 인터넷을 접속하다
网	wǎng	몡 인터넷
玩儿	wánr	통 놀다
电脑	diànnǎo	몡 컴퓨터
游戏	yóuxì	몡 게임
爱	ài	통 좋아하다, 사랑하다
爬山	páshān	통 등산하다
游泳	yóuyǒng	통 수영하다　몡 수영
常(常)	cháng(cháng)	뷔 자주, 항상
体育馆	tǐyùguǎn	몡 체육관
那儿	nàr	때 그곳, 거기
下次	xiàcì	몡 다음번, 다음
空儿	kòngr	몡 틈, 시간
时候	shíhou	몡 시간, ~할 때
网吧	wǎngbā	몡 PC방, 인터넷카페
有意思	yǒuyìsi	휑 재미있다
听	tīng	통 듣다
音乐	yīnyuè	몡 음악
流行	liúxíng	통 유행하다
歌曲	gēqǔ	몡 노래

金英美: 你 的 爱好 是 什么？
Nǐ de àihào shì shénme?

张东明: 我 喜欢 唱歌 和 上网。你 呢？
Wǒ xǐhuan chànggē hé shàngwǎng. Nǐ ne?

金英美: 我 喜欢 玩儿 电脑 游戏。
Wǒ xǐhuan wánr diànnǎo yóuxì.

张东明: 你 爱 爬山 吗？
Nǐ ài páshān ma?

金英美: 我 不 爱 爬山，我 爱 游泳。
Wǒ bú ài páshān, wǒ ài yóuyǒng.

张东明: 你 常常 去 哪儿 游泳？
Nǐ chángcháng qù nǎr yóuyǒng?

金英美: 我 常 去 学校 体育馆 游泳。你 呢？
Wǒ cháng qù xuéxiào tǐ yù guǎn yóuyǒng. Nǐ ne?

张东明: 我 也 常 去 那儿。下次 我们 一起 去 吧！
Wǒ yě cháng qù nàr. Xià cì wǒmen yì qǐ qù ba!

金英美: 好！
Hǎo!

我 的 爱好 是 唱歌 和 上网。有 空儿 的 时候,
Wǒ de àihào shì chànggē hé shàngwǎng. Yǒu kòngr de shíhou,
我 喜欢 去 网吧 上网。我 觉得 上网 很 有意思。
wǒ xǐhuan qù wǎngbā shàngwǎng. Wǒ juéde shàngwǎng hěn yǒu yì si.
我 朋友 喜欢 听 音乐,我 也 喜欢 听 音乐。我们
Wǒ péngyou xǐhuan tīng yīnyuè, Wǒ yě xǐhuan tīng yīnyuè. Wǒmen
都 喜欢 流行 歌曲。
dōu xǐhuan liúxíng gēqǔ.

1. '爱'와 '喜欢'

동사 '爱'나 '喜欢'는 '~하기를 좋아한다'는 뜻. 여기서 심리동사로 쓰인다.

> 예 我喜欢听音乐。
> 姐姐爱上网。

2. 부사 '常'

'常'는 반복、빈도를 나타내는 부사이다. 동사나 형용사를 수식 할 수 있다. 부정 형식은 '不常'이며 '不常常'로 쓰지 않는 것을 주의 해야 한다.

> 예 你常去哪儿游泳?
> 我不常吃水果。

一. 发音练习 발음연습

1. 声调组合 성조 조합

yīnggāi	sānshí	kāishǐ	xīwàng	dānwu
píng'ān	chángtú	yóuyǒng	fúwù	júzi
guǒzhī	zhǔshí	zhǐyǒu	zǒulù	dǎsuan
shòushāng	bìngrén	wènhǎo	jìniàn	yuèliang

2. 单词朗读 단어 읽기

红 hóng

黄 huáng

蓝 lán

白 bái

黑 hēi

绿 lǜ

棕 zōng

灰 huī

琴 qín

棋 qí

书 shū

画 huà

滑雪 huá xuě

滑冰 huá bīng

跳舞 tiào wǔ

打球 dǎ qiú

3. 四字成语 사자성어 읽기

自 相 矛 盾
zì xiāng máo dùn
(자체 모순이다.)

走 马 看 花
zǒu mǎ kàn huā
(주마간화 : 대충대충 보고 지나가다.)

三 思 而 后 行
sān sī ér hòu xíng
((일을 할 때) 마땅히 심사숙고하고 나서 행동하여야 한다.)

百 闻 不 如 一 见
bǎi wén bù rú yí jiàn
(백 번 듣는 것이 한 번 보는 것만 같지 못하다. 백문이 불여일견이다.)

二. 替换练习 교체연습

她姐姐		跳舞。
我朋友	爱/喜欢	运动。
我妈妈		住公寓。
金英美		吃水果。

东明		喝可乐。
我妹妹	常(常)	听音乐。
我哥哥		游泳。
我爸爸妈妈		爬山。

我们		在家吃早饭。
弟弟	不常	去网吧上网。
她们		去体育馆游泳。
我的好朋友		去图书馆看书。

补充生词 보충 단어

跳舞 tiàowǔ ⑲ 춤을 추다
运动 yùndòng ⑧ 운동하다 ⑲ 운동
可乐 kělè ⑲ 콜라
早饭 zǎofàn ⑲ 아침밥

A: _____ ?

B: 我的爱好是唱歌。

A: 你爱做什么运动?

B: _____ 。

A: 你常去哪儿游泳?

B: _____ 。

A: 有空儿的时候，你还喜欢做什么?

B: _____ 。

四. 排序 문장 순서 배열

1. a 我朋友　　b 听　　　c 喜欢　　d 音乐

2. a 你　　　　b 爬山　　c 爱　　　d 爱　　　e 不

3. a 我　　　　b 唱歌　　c 爱好　　d 的　　　e 是

4. a 哪儿　　　b 你　　　c 去　　　d 常　　　e 上网

5. a 喜欢　　　b 都　　　c 听　　　d 我们　　e 流行歌曲

6. a 网吧　　　b 喜欢　　c 我　　　d 的时候　　e 有空儿　　　f 去

五. 翻译 번역

1. 저의 취미는 수영과 인터넷 하기입니다.

2. 그도 컴퓨터 게임을 노는 것을 좋아합니다.

3. 형은 학교 도서관에 가는 것을 좋아합니다.

4. 저도 그 곳에 자주 갑니다.

5. 등산은 매우 재미있습니다.

6. 그녀는 노래를 부르는 것을 매우 좋아합니다.

7. 나는 중국어가 매우 재미있다고 생각합니다.

8. 다음 번에 우리 같이 체육관에 수영하러 가자!

六. 你问我答　물음에 답하세요

1. 你的爱好是什么?

2. 你喜欢什么运动?

3. 你喜欢去哪儿运动?

4. 我喜欢听音乐，你呢?

5. 你爱上网吗?

6. 你常去哪儿上网?

7. 有空儿的时候，你常做什么?

8. 星期六我去学校体育馆游泳，你去不去?

한자쓰기

喜	一 十 士 吉 吉 吉 吉 吉 壴 壴 喜 喜
欢	フ ヌ 又' 欢 欢 欢
时	丨 冂 月 日 日一 时 时
候	丿 亻 亻丨 亻𠂉 亻𠂉 亻𠂉 亻𠂉 候 候 候
爱	一 丶 ⺍ ⺍ 爫 爫 爫 爫 爱 爱
脑	丿 刀 月 月 月丶 肸 肸 脑 脑 脑

● 중국의 명산

중국에는 유명한 산이 매우 많아서 이루 다 셀 수 없다. 그 중에서도 최고로 꼽히는 것이 바로 오악(五岳)이다. 태산(泰山)의 웅장함, 화산(华山)의 험준함, 형산(衡山)의 연기 같은 구름, 항산(恒山)의 기이하고 우뚝한 산봉우리, 숭산(嵩山)의 수려한 경관 등 오악의 온갖 모습은 각각 아름다운 절경을 품고 있다.

그리고 황산(黄山, Huágngshān)은 기이한 소나무, 괴이한 바위, 구름 바다, 온천수 등으로 국내외에 이름을 떨치고 있다.

중국의 명산은 줄곧 불교, 도교를 숭상하던 지역이었기 때문에 이로 인해 불교, 도교의 명성을 천하에 알리는 여러 명산이 탄생하였다.

오악
동악 태산(泰山, Tàishān, 산동), 남악 형산(衡山, Héngshān, 호남), 서악 화산(华山, Huàshān, 섬서), 북악 항산(恒山, Héngshān, 산서), 중악 숭산(嵩山, 하남)

불교명산
오대산(五台山, Wǔtáishān, 산서), 아미산(峨眉山, Émĕishān, 사천), 보타산(普陀山, Pǔtuóshān, 절강), 구화산(九华山, Jiǔhuáshān, 안휘)

도교명산
무당산(武当山, Wǔdāngshān, 호북), 제운산(齐云山, Qíyúnshān, 안휘), 청성산(青城山, Qīngchéngshān, 사천), 용호산(龙虎山, Lónghǔshān, 강서)

第十四课

复习(二)

▶▶ 生词 단어

好久	hǎojiǔ	(부) 오랫 동안
最近	zuìjìn	(명) 최근, 요즘
逛街	guàngjiē	(동) 거리를 거닐다, 거리 구경을 하다
逛	guàng	(동) 거리를 거닐다
对不起	duìbuqǐ	미안하다, 죄송하다
没关系	méiguānxi	괜찮다
事儿	shìr	(명) 일
怎么样	zěnmeyàng	(대) 어떠한가
早上	zǎoshang	(명) 아침
上午	shàngwǔ	(명) 오전
下午	xiàwǔ	(명) 오후
晚上	wǎnshang	(명) 저녁, 밤
后天	hòutiān	(명) 모레
可以	kěyǐ	(능동) ~해도 된다, ~할 수 있다
地铁	dìtiě	(명) 지하철, 전철
站	zhàn	(명) 역, 정거장
商店	shāngdiàn	(명) 상점
时间	shíjiān	(명) 시간

▶▶ 专有名词 고유명사

明洞	Míngdòng	명동(지명)

金英美: 好久 不 见，你 最近 好 吗？
Hǎojiǔ bú jiàn, nǐ zuìjìn hǎo ma?

张东明: 很 好。你 呢？
Hěn hǎo. Nǐ ne?

金英美: 我 也 很 好。
Wǒ yě hěn hǎo.

对 了，我们 今天 去 逛街 好 吗？
Duìle, Wǒmen jīntiān qù guàng jiē hǎo ma?

张东明: 对不起，我 今天 有 事儿。
Duìbuqǐ, wǒ jīntiān yǒu shìr.

金英美: 没关系。
Méiguānxi.

张东明: 明天 怎么样？
Míngtiān zěnmeyàng?

金英美: 明天 是 我 朋友 的 生日，我 要 去 他 家。
Míngtiān shì wǒ péngyou de shēngrì, wǒ yào qù tā jiā.

后天 怎么样？
Hòutiān zěnmeyàng?

张东明: 后天 几 点？
Hòutiān jǐ diǎn?

金英美: 下午 两 点 好 不 好？
Xiàwǔ liǎng diǎn hǎo bu hǎo?

张东明: 可以。
Kě yǐ.

金英美: 我们 在 明洞 地铁站 见 吧。
Wǒmen zài Míngdòng dì tiě zhàn jiàn ba.

张东明: 好！后天 见！
Hǎo! Hòutiān jiàn!

金英美: 再见！
Zàijiàn!

我 朋友 要 去 逛商店，她 问 我 什么 时候 有
Wǒ péngyou yào qù guàngshāngdiàn, tā wèn wǒ shénme shíhou yǒu
空儿。我 今天 和 明天 都 没有 时间。她 后天 有
kòngr. Wǒ jīntiān hé míngtiān dōu méiyǒu shíjiān. Tā hòutiān yǒu
空儿，我 也 有 空儿。我们 后天 下午 两 点 在 明
kòngr, wǒ yě yǒu kòngr. Wǒmen hòutiān xiàwǔ liǎng diǎn zài Míng
洞 地铁站 见。
dòng dì tiě zhàn jiàn.

练习 연습

一. 发音练习 발음연습

1. 声调组合 성조 조합

dōngfāng	zhōngxué	shuāidǎo	tiānqì	qīngchu
wénzhāng	píngshí	ménkǒu	yúkuài	shíhou
jiǎndān	xuǎnzé	shǒubiǎo	zǎofàn	nuǎnhuo
lùyīn	diànchí	bùguǎn	zuòyè	dùzi

2. 单词朗读 단어 읽기

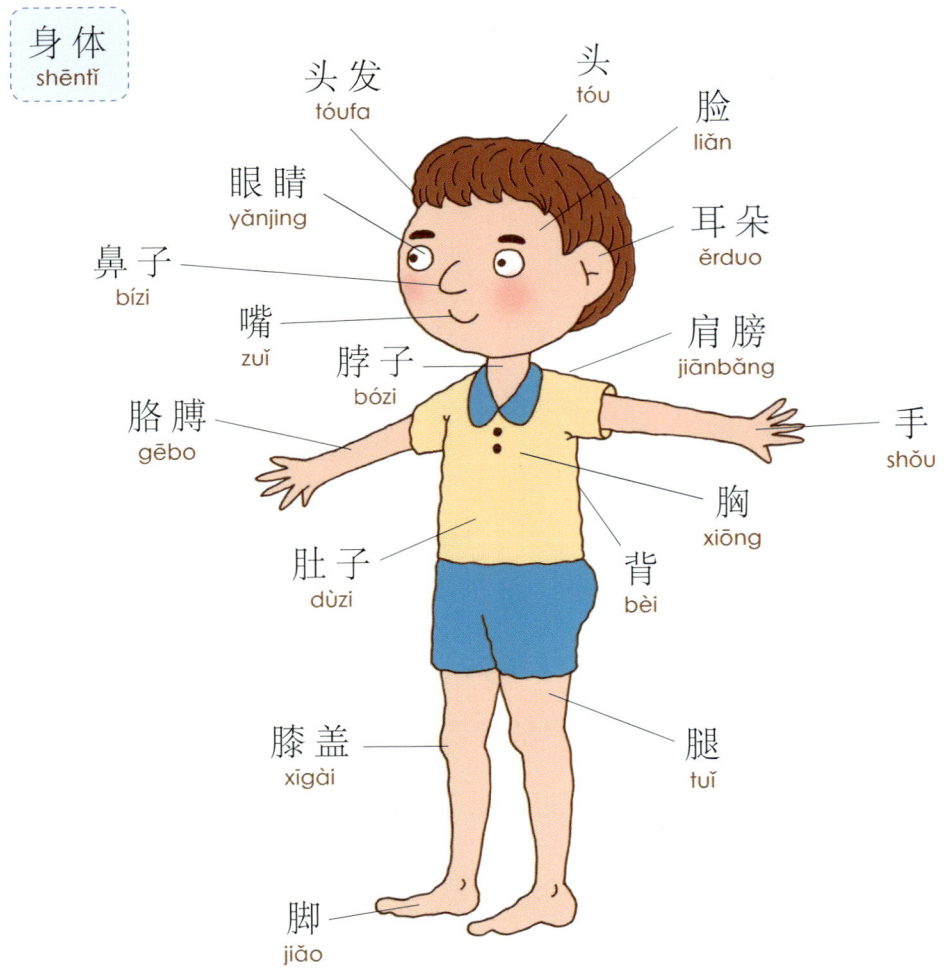

身体
shēntǐ

头发 tóufa
头 tóu
脸 liǎn
眼睛 yǎnjing
耳朵 ěrduo
鼻子 bízi
嘴 zuǐ
肩膀 jiānbǎng
脖子 bózi
胳膊 gēbo
手 shǒu
胸 xiōng
肚子 dùzi
背 bèi
膝盖 xīgài
腿 tuǐ
脚 jiǎo

复习（二）**159**

3. 四字成语　사자성어 읽기

朝 三 暮 四
zhāo sān mù sì
(조삼모사)

对 牛 弹 琴
duì niú tán qín
(쇠귀에 거문고 타기)

多 多 益 善
duō duō yì shàn
(다다익선)

青 出 于 蓝 而 胜 于 蓝
qīng chū yú lán ér shèng yú lán
(푸른색은 쪽에서 나왔지만 쪽보다도 더욱 푸르다)

二. 完成对话　대화 완성하기

A: 好久不见，＿＿＿＿＿＿＿？

B: 很好! 你呢?

A: 我也很好。对了! ＿＿＿＿＿＿＿？

B: 我今天有事儿，＿＿＿＿＿＿＿？

A: 明天是我朋友的生日，＿＿＿＿＿＿＿。后天怎么样?

B: ＿＿＿＿＿＿＿？

A: 两点，＿＿＿＿＿＿＿？

B: 我们在明洞地铁站见，好不好？

A: ＿＿＿＿＿＿＿。

三. 排序　문장 순서 배열

1. a 我　　b 他家　　c 要　　d 下午　　e 去

2. a 我们　　b 去　　c 逛街　　d 今天　　e 吧

3. a 我们　　b 学校　　c 在　　d 吧　　e 见面

4. a 有　　b 什么　　c 时候　　d 你　　e 空儿

5. a 我们　　b 两点　　c 明洞　　d 在　　e 下午　　f 见

6. a今天　　b我　　　c都　　　　d没有　　　e明天　　f时间　　　g和

四. 翻译 번역

1. 오래간만이다.

2. 요즘 잘 지냈습니까?

3. 맞다! 우리 오늘 쇼핑 가는 것은 어때?

4. 시간 있을 때 나는 명동에 가려고 합니다.

5. 모레 오후 두 시 친구와 나는 학교 근처의 지하철역에서 만난다.

다음 문장을 중국어로 써보세요.

　여러분 안녕하세요. 저는 ○○○(본인 이름으로)라고 합니다. 저는 한국 ○○대학교(본인의 학교) 학생 입니다.

　저의 집은 서울에 있습니다. 집에는 모두 일곱 명의 식구가 있습니다. 아버지, 어머니, 형/오빠, 누나/언니, 남동생, 여동생, 그리고 저입니다.

　저의 아버지는 회사에서 일합니다. 어머니는 가정주부이며, 형은 병원에서 일합니다. 그는 의사입니다. 누나는 은행 직원입니다. 동생들은 저와 모두 학생입니다.

　저는 친구와 같이 학교 기숙사에 삽니다. 방 번호는 삼백이 호입니다. 매일 아침 아홉 시에 학교에 갑니다. 오후 다섯 시에 기숙사에 돌아갑니다. 점심은 학교의 학생식당에서 밥을 먹습니다. 친구와 나는 모두 자장면과 탕수육 먹는 것을 좋아합니다.

　저는 중국어를 배웁니다. 한자는 어렵지만 발음은 그렇게 어렵지 않습니다. 중국어는 재미있습니다.

　시간이 있을 때 저는 음악 듣는 것을 좋아합니다. 학교 근처에 있는 PC방에 가서 인터넷 사용하는 것도 좋아합니다. 저녁 때는 자주 학교 체육관에 가서 수영을 합니다. 토요일에 친구와 같이 자주 명동에서 쇼핑합니다. 저는 과일 먹는 것도 좋아합니다. 한국의 사과와 배는 크고 달며, 그렇게 비싸지 않습니다. 만나서 반갑습니다. 여러분(당신들)이 한국에 놀러 오는 것을 환영합니다.

五. 你问我答　물음에 답하세요

1. 你最近好吗?

2. 你今天有什么事儿吗?

3. 你什么时候有空儿?

4. 后天你有时间吗?

5. 今天我们去哪儿玩儿?

6. 我们今天去逛街好吗?

7. 我们一起去吃饭怎么样?

8. 两点在地铁站见，好不好?

最	一 冂 冃 冃 旦 早 晜 晜 晜 最 最							
近	一 厂 斤 斤 近 近 近							
久	丿 夂 久							
系	一 乛 丞 丞 系 系 系							
怎	丿 𠂉 午 乍 乍 怎 怎 怎							
晚	丨 冂 日 日 旷 旷 晚 晚 晚 晚 晚							

본문 번역 &
정답 및 해설

본문번역

第一课 你好!

会话 회화

(一)
A 안녕하세요!
B 안녕하세요!

(二)
A 잘지내세요?
B 아주 좋아요!
A 바쁘세요?
B 그다지 바쁘지 않아요.

第二课 你身体好吗?

会话 회화

A 선생님 안녕하세요.
B 안녕.
A 선생님 몸은 괜찮으세요?
B 나는 아주 좋아, 너희 아빠, 엄마는 안녕하시니?
A 그들은 모두 매우 잘 지냅니다.

第三课 我去图书馆

会话 회화

(一)
A 선생님, 안녕하세요!
B 안녕하세요! 들어오세요. 앉으세요!
A 감사합니다, 선생. 이건 제 숙제에요.
B 네.

(二)
A 너 어디가니?
B 나 도서관 가, 너는 갈래 안 갈래?
A 난 안가, 나 집에 가.
B 안녕!
A 안녕!

第四课 您贵姓?

会话 회화

김영미 실례지만 성함이 어떻게 되세요?
왕선생님 저는 왕씨입니다. 당신의 성은 무엇이죠?
김영미 저는 김씨 입니다.
왕선생님 이름이 무엇이죠?
김영미 저는 김영미라고 합니다.
왕선생님 당신은 어느나라 사람입니까?
김영미 저는 한국사람입니다. 선생님은요?
왕선생님 저는 중국사람입니다. 당신을 알게되서 매우 기쁩니다.
김영미 선생님을 알게 되서 저도 매우 기쁩니다.

第五课 这是什么?

会话 회화

(一)
왕선생님 이분은 누구십니까?
장동명 이분은 제 아버지 입니다.
왕선생님 저분은 누구십니까?
장동명 저분은 이 선생님입니다.

(二)
장동명 이것은 무엇이니?
김영미 이것은 책이야.
장동명 이것은 무슨 책이니?
김영미 이것은 중국어책이야.
장동명 중국어는 어렵니?
김영미 그다지 어렵지 않아.
장동명 저것은 무엇이니?
김영미 저것은 핸드폰이야.
장동명 저것은 누구의 핸드폰이니?
김영미 저것은 우리 언니의 핸드폰이야.

第六课 今天星期几?

会话 회화

(一)

장동명 오늘은 무슨요일이니?

김영미 오늘은 화요일이야.

장동명 지금 몇시니?

김영미 지금은 2시야. 어디 가니?

장동명 서점에 가. 너는?

김영미 난 학교에 가.

장동명 내일 봐!

김영미 내일 봐!

(二)

장동명 오늘은 몇월 몇일이니?

김영미 오늘은 4월 9일이야.

장동명 어제는 내 생일이었어. 네 생일은 몇월 몇일이니?

김영미 내 생일은 10월 5일이야.

第七课 복습(一)

会话 회화

(장동명이 왕선생님에게 김영미를 소개한다.)

장동명 왕선생님 계세요?

왕선생님 네, 들어오세요!

장동명 왕선생님 이쪽은 저의 친한 친구 김영미입니다.

김영미 선생님 안녕하세요!

왕선생님 안녕하세요! 환영합니다. 당신은 유학생입니까?

김영미 저는 한국 유학생입니다.

왕선생님 당신은 무엇을 배웁니까?

김영미 저는 중국어를 공부합니다.

왕선생님 중국어 어렵습니까?

김영미 한자가 매우 어렵습니다. 발음은 그다지 어렵지 않습니다.

왕선생님 참! 중국 차 마실래요?

장동명, 김영미 네.

왕선생님 드세요!

장동명, 김영미 감사합니다. 선생님!

短文 단문

여러분 안녕하세요. 제 이름은 김영미 입니다. 저는 한국 유학생입니다. 저는 매일 8시 반에 학교에 가고, 5시 50분에 기숙사에 돌아옵니다. 화요일과 목요일에는 중국어를 배웁니다.

第八课 你吃什么?

会话 회화

(정오)

김영미 너 배고파 안고파?

장동명 나 엄청 배고파, 너는?

김영미 나도 아주 배고파. 우리 밥먹으러 가자!

장동명 좋아.

(식당에서)

김영미 어떤 요리 먹을래?

장동명 우리 탕수육 먹자.

김영미 좋아. 식사는 뭘 드실래요?

장동명 나는 볶음밥 한 접시로 할래.

김영미 나는 자장면 한그릇으로 할래. 너 무슨 국 먹을래?

장동명 나 국 안먹어, 우리 맥주 마시자.

短文 단문

정오에 김영미와 장동명은 모두 매우 배가 고파서 함께 학교 식당에 가서 밥을 먹었다. 김영미는 자장면 한 그릇을, 장동명은 볶음밥 한 접시를 주문했다. 그들은 국은 먹지 않고 맥주를 마셨다.

第九课 你家有几口人?

会话 회화

장동명 너희 집은 몇 식구있니?

김영미 우리집은 4식구야.

장동명 누구누구인데?

김영미 아빠, 엄마, 언니하고, 나야.

장동명 너희 아빠는 무슨일 하시니?

김영미 우리 아빠는 의사이셔, 병원에서 일하셔.

장동명 너희 엄마는?

김영미　우리 엄마는 선생님이셔, 학교에서 일하셔.
장동명　우리 엄마도 선생님이야. 너희 언니도 일하니?
김영미　언니는 공무원이야.

短文　단문

우리집은 다섯식구입니다. 아빠, 엄마, 오빠, 언니 그리
고 저입니다. 우리 아빠는 회사원입니다. 그는 회사에
서 근무합니다. 우리 엄마는 일을 안하시고 가정주부
이십니다. 우리 오빠는 우체국에서 근무하고, 여동생은
북경대학교 유학생입니다. 저 역시 학생이고 전공은
디자인입니다.

第十课　你的电话号码是多少?

会话　회화

장동명　너 어디 사니?
김영미　나 학교 기숙사에 살아.
장동명　몇 동에 살아?
김영미　2동에 살아.
장동명　방 번호가 몇 번이야?
김영미　방번호는 206호야.
장동명　너의 전화번호는 몇 번이야?
김영미　내 전화번호는 02-9876-5431이야.
장동명　너 이메일 써?
김영미　응, 써. 이거 내 이메일 주소야.
장동명　내가 너한테 편지 쓸게.
김영미　좋아!

短文　단문

저는 학교 부근에 있는 아파트에 삽니다. 저는 6동에
살고 방번호는 818호 입니다. 김영미는 제 옆에 삽니
다. 내 핸드폰 번호는 010-5169-6432이고, 이메일 주
소는 haohaoxuexi@hanyu.com입니다.

第十一课　我去银行换钱

会话　회화

(중국 은행에서)
김영미　아가씨, 환전 좀 부탁해요.
직원1　환전은 6번 창구에서 가세요.

(창구에서)
김영미　선생님, 환전 좀 부탁해요.
직원2　무엇으로 환전해 드릴까요?
김영미　인민폐로 환전해 주세요. 오늘 환율을 얼마
　　　　죠?
직원2　한국돈 10,000원이 60원 입니다. 얼마나 바꿔
　　　　드릴까요?
김영미　한국돈1,000,000원 바꿔주세요.
직원2　잠시만 기다려주세요. ……여기있습니다. 세어
　　　　보세요.
김영미　맞네요. 감사합니다. 안녕히 계세요!
직원2　안녕히 가세요!

短文　단문

김영미는 중국은행에 환전하러 갔다. 그녀는 인민폐로
환전을 하고자 했다. 오늘 환율은 한화 만원에 60위안
이었다. 그녀는 한화 백만원을 인민폐로 환전했다. 은
행직원은 김영미에게 6,000위안을 주었다.

第十二课　您要买什么?

会话　회화

(과일가게에서)
사장　당신을 무엇을 사시려고 합니까?
김영미　배를 사려고 합니다.
사장　이 배가 아주 맛있어요. 크고 달아요.
김영미　배 한근에 얼마에요?
사장　4.6위안이에요.
김영미　4.6위안이요? 너무 비싸요! 좀 싸게 해주세요.
사장　다른거 더 필요한거 없어요?
김영미　사과는 한근에 얼마에요?
사장　3.5위안이요.
김영미　배 2근하고 사과3근 주세요. 전부 얼마에요?
사장　모두 19위안 7모인데, 19위안만 주세요.
김영미　사장님, 여기 100위안이요.
사장　81위안 거스름돈이에요. 또 오세요!

短文　단문

김영미는 과일가게에 가서 과일을 샀다. 배 1근은 4.6
위안이었는데 그녀가 생각하기에 너무 비쌌다. 그녀
는 다른 과일도 사려고 했다. 사과 1근이 3.5위안이었
다. 그녀는 배 2근과 사과 3근을 사서 모두 19.7위안이

었다. 과일가게 사장이 "19위안만 주세요."라고 말했다. 그녀는 과일가게 사장에게 100위안을 줬고, 사장은 그녀에게 81위안을 거슬러 줬다.

第十三课 你的爱好是什么?

会话 회화

김영미 너는 취미가 뭐야?

장동명 나는 노래 부르는 거랑 인터넷 하는 걸 좋아해. 너는?

김영미 나는 컴퓨터 게임하는 것을 좋아해.

장동명 너 등산 좋아해?

김영미 나 등산 안 좋아하고 수영 좋아해.

장동명 너 종종 어디로 수영하러 가?

김영미 학교 체육관 수영장에 종종 가. 너는?

장동명 나도 거기 자주가. 다음에 우리 같이 가자!

김영미 좋아!

短文 단문

내 취미는 노래 부르기와 인터넷하기이다. 시간이 있을 때 나는 PC방에 가는 것을 좋아한다. 내 생각에 인터넷을 하는 것은 매우 재미있다. 내 친구는 노래듣기를 좋아하고, 나 역시 노래듣기를 좋아한다. 우리는 모두 유행가를 좋아한다.

第十四课 复习(二)

会话 회화

김영미 오랜만이다. 너 요즘 어떻게 지내니?

장동명 아주 좋아. 너는?

김영미 나도 아주 좋아. 맞다, 우리 오늘 쇼핑 갈래?

장동명 미안해, 나 오늘 일이 있어.

김영미 괜찮아.

장동명 내일은 어때?

김영미 내일은 내 친구 생일이야. 나 그의 집에 가야 해. 모레는 어때?

장동명 모레 몇 시?

김영미 오후 2시 어때?

장동명 좋아.

김영미 우리 명동 지하철역에서 만나자.

장동명 좋아! 모레 만자자!

김영미 안녕!

短文 단문

내 친구는 상점에 구경을 가려고 했다. 그녀는 나에게 언제 시간이 있는지 물었다. 나는 오늘과 내일 모두 시간이 없었다. 그녀는 모레 시간이 있고, 나도 시간이 있다. 우리는 모레 오후 2시에 명동 지하철역에서 만나기로 했다.

第一课

三. 完成对话 　대화 완성하기

A: 你好!

B: 你好!

A: 你好吗?

B: 很好。

A: 你忙吗?

B: 不太忙。

四. 翻译 　번역

1. 你好。
2. 你好吗?
3. 你忙吗?
4. 很忙。
5. 不太忙。

第二课

三. 完成对话 　대화 완성하기

A: 你身体好吗?

B: 我身体很好。

A: 你爸爸妈妈好吗?

B: 他们都很好。

A: 你弟弟好吗?

B: 他很好。

四. 排序 　문장 순서 배열

1. c-a-b-d
2. d-a-b-c-e
3. a-c-b-d-e
4. d-a-b-c-f-e

五. 翻译 　번역

1. 老师您好!
2. 你身体好吗?
3. 你爸爸妈妈都好吗?

4. 他们身体都很好。
5. 我弟弟妹妹都很好。

第三课

三. 完成对话 　대화 완성하기

(一)

A: 老师，您好!

B: 你好! 请进，请坐。

A: 谢谢老师。这是我的作业。

(二)

A: 我去图书馆。你去不去?

B: 我不去，我回家。

A: 再见!

B: 再见!

四. 排序 　문장 순서 배열

1. a-c-b
2. d-b-c-a
3. b-a-e-d-c
4. e-a-c-b-d

五. 翻译 　번역

1. 请进!
2. 请坐!
3. 我不去。
4. 我去学校图书馆。
5. 我回家。
6. 再见。

第四课

三. 完成对话 　대화 완성하기

A: 你贵姓?

B: 你姓什么?

A: 我姓金。

A: 你叫什么名字?
B: 我叫金英美。
A: 你是哪国人?
B: 我是韩国人。
A: 认识你我很高兴!
B: 认识你我也很高兴!

四. **排序** 문장 순서 배열
1. d-a-b-c   2. d-c-a-b-e
3. e-b-d-a-c   4. d-b-c-a-e

五. **翻译** 번역
1. 您贵姓?
2. 你姓什么?
3. 你叫什么名字?
4. 你是哪国人?
5. 我是韩国人。
6. 认识你很高兴。

第五课

三. **完成对话** 대화 완성하기
A: 那位是谁?
B: 那位是张老师。
A: 这是什么?
B: 这是书。
A: 这是什么书?
B: 这是英语书。
A: 这是谁的书?
B: 这是我的英语书。
A: 汉语难吗?
B: 很难。

四. **排序** 문장 순서 배열
1. d-c-a-b   2. b-e-c-d-a
3. a-e-c-b-d   4. d-c-b-a-e
5. e-b-a-d-c

五. **翻译** 번역
1. 这是什么?
2. 这位是谁?
3. 这是英语书。
4. 那是谁的电子词典?
5. 那位是汉语老师。
6. 这位是金英美的爸爸。

第六课

三. **完成对话** 대화 완성하기
A: 今天几月几号?
B: 今天五月五号。
A: 明天星期几?
B: 明天星期四。
A: 今天是你的生日吗?
B: 今天不是我的生日。
A: 你的生日是几月几号?
B: 我的生日是九月八号。
A: 现在几点?
B: 现在两点。
A: 你去哪儿?
B: 我去学校。

四. **排序** 문장 순서 배열
1. a-c-d-b   2. d-c-b-a
3. a-c-b-d-e   4. c-b-d-a-e
5. c-d-b-a-e   6. e-a-b-c-d

五. **翻译** 번역
1. 今天几月几号?
2. 明天是我的生日。
3. 现在几点?
4. 他两点去书店。
5. 明天见。
6. 星期三见。

第七课

二. 完成对话　대화 완성하기

A: 你叫什么名字?
B: 我叫金英美。
A: 你是哪国留学生?
B: 我是韩国留学生。
A: 你学习什么?
B: 我学习汉语。
A: 汉语难吗?
B: 汉字很难，发音不太难。
A: 你每天几点回家?
B: 我每天六点回家。
A: 你星期几去学校?
B: 我星期一去学校。

三. 排序　문장 순서 배열

1. a-d-b-c　　　2. a-d-c-b
3. a-d-b-c　　　4. d-c-b-a
5. b-a-c-d　　　6. c-a-b-d

四. 翻译　번역

1. 英美是我的好朋友。
2. 你是留学生吗?
3. 我学习汉语。
4. 我们喝中国茶。
5. 他们回宿舍。
6. 汉语很难，发音不太难。

다음 단문을 중국어로 써 보세요.

大家好，我叫000。我是韩国00大学的学生。我每天九点去学校，五点回家。我学习汉语。认识你们我很高兴。

第八课

三. 完成对话　대화 완성하기

A: 你饿不饿?
B: 我很饿。你呢?
A: 我也很饿。
B: 你要什么菜?
A: 我们吃糖醋肉吧。
B: 你吃什么主食?
A: 我来一盘饺子。
B: 你喝什么汤?
A: 我喝泡菜汤。

四. 排序　문장 순서 배열

1. a-d-c-b　　　2. c-a-d-b-e
3. a-e-c-d-b　　4. a-c-d-e-b
5. b-a-d-c-e　　6. c-a-d-e-b

五. 翻译　번역

1. 你饿吗?
2. 我也很俄。
3. 我们一起去吃饭吧。
4. 你吃什么菜?
5. 我们喝啤酒。
6. 他吃一碗饭。

第九课

三. 完成对话　대화 완성하기

A: 你家有几口人?
B: 我家有三口人。
A: 都有什么人?
B: 爸爸、妈妈和我。
A: 你妈妈工作吗?
B: 我妈妈是老师。
A: 你爸爸做什么工作?
B: 我爸爸是医生。

A: 你呢?

B: 我是学生。

A: 你的专业是什么?

B: 我的专业是设计。

四. 排序　문장 순서 배열

1. a-b-e-c-d
2. a-d-c-e-b
3. b-e-a-c-d
4. b-e-a-c-d
5. b-a-e-c-d
6. c-b-a-d-e

五. 翻译　번역

1. 英美家有几口人?
2. 你家都有什么人?
3. 你做什么工作?
4. 我爸爸妈妈都在医院工作。
5. 我姐姐是家庭主妇。
6. 我弟弟是邮局职员。
7. 我的专业是设计。
8. 学生们在学校学习汉语。

第十课

三. 完成对话　대화 완성하기

A: 你住哪儿?

B: 我住学校宿舍。

A: 你住第几号楼?

B: 我住第二号楼。

A: 你的房间号码是多少?

B: 我的房间号码是206。

A: 你的电话号码是多少?

B: 我的电话号码是02-9876-5431。

A: 你用电子邮件吗?

B: 用。我的电子邮件地址是haohao xuexi@hanyu.com。

四. 排序　문장 순서 배열

1. a-c-b-d
2. b-c-a-d

3. a-e-b-d-c
4. a-d-b-e-c
5. a-d-b-e-c
6. a-e-d-b-c

五. 翻译　번역

1. 你住哪儿?
2. 你住第几号楼?
3. 你的房间号码是多少?
4. 你的电话号码是多少?
5. 我住学校宿舍。
6. 图书馆在公寓旁边。
7. 他用电子邮件。
8. 姐姐的朋友住我家旁边。

第十一课

三. 完成对话　대화 완성하기

A: 先生, 我要换钱。

B: 您要换什么钱?

A: 我换人民币。今天的汇率是多少?

B: 今天的汇率是一万韩币换六十块。您换多少?

A: 我换一百万韩币的人民币。

B: 请等一会儿。这是您的钱, 六千元人民币。请数数。

A: 对了, 谢谢! 再见!

四. 排序　문장 순서 배열

1. b-a-d-c
2. c-b-a-e-d
3. a-d-c-e-b
4. d-c-a-e-b
5. b-a-c-e-d
6. b-d-e-c-a

五. 翻译　번역

1. 我要换两千块人民币。
2. 朋友和我要去食堂吃饭。
3. 他要去北京大学留学。
4. 哥哥要去学校图书馆。
5. 请等一会儿。

6. 今天的汇率是多少?
7. 对了, 谢谢!
8. 请数数。

第十二课

三. 完成对话　대화 완성하기

A: 您要买什么?
B: 我要买梨。梨一斤多少钱?
A: 梨一斤四块六。
B: 四块六, 太贵了。便宜点儿吧。
A: 那, 好吧。四块五吧。您要几斤?
B: 我买三斤。
A: 还要别的吗?
B: 不买了。一共多少钱?
A: 一共十三块五。
B: 老板, 给您钱。
A: 这是十五块。找你一块五。
B: 谢谢老板。

四. 排序　문장 순서 배열

1. a-b-d-c-e
2. d-a-e-b-c
3. b-a-e-d-c
4. b-d-a-c-e
5. b-d-e-a-c
6. a-d-b-c-e

五. 翻译　번역

1. 苹果一斤多少钱?
2. 韩国梨又大又甜。
3. 还要别的吗?
4. 找你二十七块。
5. 两斤香蕉一共十五块。
6. 太贵了, 便宜点儿吧。
7. 欢迎再来。

第十三课

三. 完成对话　대화 완성하기

A: 你的爱好是什么?
B: 我的爱好是唱歌。
A: 你爱做什么运动?
B: 我喜欢游泳。
A: 你常去哪儿游泳?
B: 我常去体育馆游泳。
A: 有空儿的时候, 你还喜欢做什么?
B: 我喜欢唱歌。

四. 排序　문장 순서 배열

1. a-c-b-d
2. a-c-e-d-b
3. a-d-c-e-b
4. b-d-c-a-e
5. d-b-a-c-e
6. c-e-d-b-f-a

五. 翻译　번역

1. 我的爱好是游泳和上网。
2. 他也喜欢玩儿电脑游戏。
3. 哥哥喜欢去学校图书馆。
4. 我也常去那儿。
5. 爬山很有意思。
6. 她很喜欢唱歌。
7. 我觉得汉语很有意思。
8. 下次我们一起去体育馆游泳吧。

第十四课

二. 完成对话　대화 완성하기

A: 好久不见, 你最近好吗?
B: 很好! 你呢?
A: 我也很好。对了! 我们今天去逛街好吗?
B: 我今天有事儿, 明天怎么样?
A: 明天是我朋友的生日, 我要去他家。后天怎么样?

B: 后天几点?

A: 两点，在哪儿见?

B: 我们在明洞地铁站见，好不好?

A: 好。

三. 排序 문장 순서 배열

1. a-d-c-e-b **2.** a-d-b-c-e

3. a-c-b-e-d **4.** d-b-c-a-e

5. a-e-b-d-c-f **6.** b-a-g-e-c-d-f

四. 翻译 번역

1. 好久不见。

2. 你最近好吗?

3. 对了，我们今天去逛街好吗?

4. 有空儿的时候，我要去明洞。

5. 后天下午两点朋友和我在学校附近的地铁站见。

다음 단문을 중국어로 써 보세요.

大家好，我叫○○○。我是韩国○○大学的学生。

我家在首尔，我家有七口人，爸爸、妈妈、哥哥、姐姐、弟弟、妹妹和我。

我爸爸在公司工作。妈妈是家庭主妇。哥哥在医院工作，他是医生。姐姐是银行职员。弟弟、妹妹和我都是学生。

我和朋友一起住学校宿舍。房间号码是三零二号。每天早上九点我去学校，下午五点回宿舍。中午我在学校食堂吃饭。朋友和我都喜欢吃炸酱面和糖醋肉。

我学习汉语。汉字很难，发音不太难。汉语很有意思。

有空儿的时候我喜欢听音乐，也喜欢去学校附近的网吧上网。晚上我常去学校体育馆游泳。星期六我常和朋友一起去明洞逛街。我还喜欢吃水果。韩国的苹果和梨又大又甜，不太贵。认识你们很高兴。欢迎你们来韩国玩儿。

好久	hǎojiǔ	오랫동안	14
号	hào	일, 날; 번, 번호	6, 10
号码	hàomǎ	번호	10
喝	hē	마시다	7
和	hé	~와/과	7
很	hěn	매우	1
后天	hòutiān	모레	14
欢迎	huānyíng	환영하다	7
换	huàn	바꾸다, 교환하다	11
回	huí	돌아가다(오다)	3
汇率	huìlǜ	환율	11

J

几	jǐ	몇	6
家	jiā	집, 가정	3
家庭主妇	jiātíng zhǔfù	가정주부	9
见	jiàn	만나다	6
角	jiǎo	돈의 단위(毛)	11
饺子	jiǎozi	만두, 교자	8
叫	jiào	~라고 부르다	4
教室	jiàoshì	교실	9
姐姐	jiějie	언니, 누나	5
介绍	jièshào	소개하다	7
斤	jīn	근(무게 단위)	12
今天	jīntiān	오늘	6
金英美	Jīn Yīngměi	김영미(사람이름)	4
进	jìn	들어오다	3
九	jiǔ	구, 아홉	3
橘子	júzi	귤	12
觉得	juéde	~라고 느끼다	12

K

咖啡	kāfēi	커피	8
看	kàn	보다	11
可乐	kělè	콜라	13
可以	kěyǐ	~해도 된다, ~할 수 있다	14
空儿	kòngr	틈, 시간	13
口	kǒu	명(식구 세는 양사)	9
块	kuài	돈의 단위(元)	11

L

来	lái	오다	8
老板	lǎobǎn	사장님	12
老师	lǎoshī	선생님	2
了	le	조사(완료)	11
梨	lí	배	12
里	lǐ	안, 속	10
李	Lǐ	이씨(성씨)	5
两	liǎng	둘, 이	6
零	líng	영(숫자 0)	10
流行	liúxíng	유행하다	13

留学生	liúxuéshēng	유학생	7
六	liù	육, 여섯	3
楼	lóu	건물, 빌딩, 층	10

M

妈妈	māma	엄마, 어머니	2
吗	ma	의문어기조사	1
买	mǎi	사다	12
忙	máng	바쁘다	1
毛	máo	돈의 단위(角)	11
没关系	méiguānxi	괜찮다	14
没有	méiyǒu	없다	9
美国	Měiguó	미국	4
每天	měitiān	매일, 날마다	7
美元	měiyuán	달러	11
妹妹	mèimei	여동생	2
们	men	복수표시(사람)	2
明洞	Míngdòng	명동(지명)	14
明天	míngtiān	내일	6
名字	míngzi	이름	4

N

哪	nǎ	어느, 어떤	4
那	nà	그, 저	5
难	nán	어렵다	5
哪儿	nǎr	어디, 어느 곳	3
那儿	nàr	그곳, 저기	13
呢	ne	의문어기조사	4
你	nǐ	너, 당신	1
您	nín	당신(존칭)	3

O

| 欧元 | ōuyuán | 유로화 | 11 |

P

爬山	páshān	등산하다	13
盘	pán	접시	8
旁边	pángbiān	옆	10
泡菜	pàocài	김치	8
朋友	péngyou	친구	7
啤酒	píjiǔ	맥주	8
便宜	piányi	싸다	12
苹果	píngguǒ	사과	12

Q

七	qī	칠, 일곱	3
千	qiān	천	11
钱	qián	돈	11

Memo

Memo